おうちの方へ

姿勢や、鉛筆の持ち方を正し
く保ち、鉛筆を自由に動かせ
るようにしましょう。

はじめの
べんきょう

せんを
かこう

★ えんぴつで、 ……を なぞりましょう。

1

ひらがなを かこう

はじめの べんきょう

おうちの方へ

とめる・はらうといった点にも注意して、正しい字を書きましょう。

✏️ ひらがなを かきましょう。

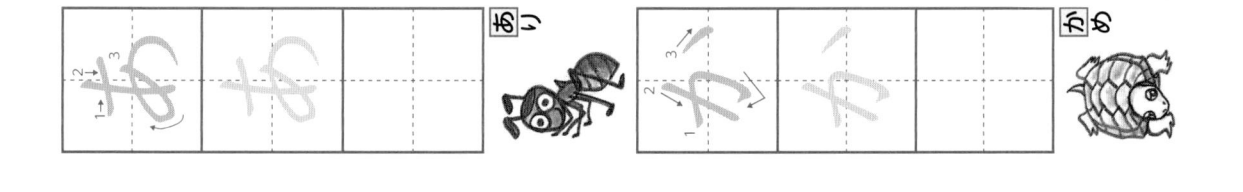

あり

かめ

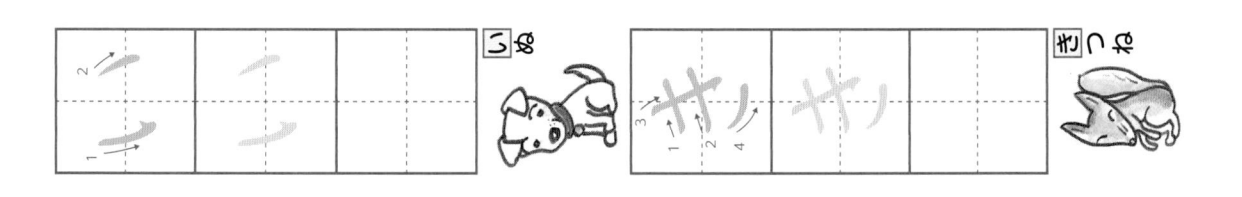

いぬ

きつね

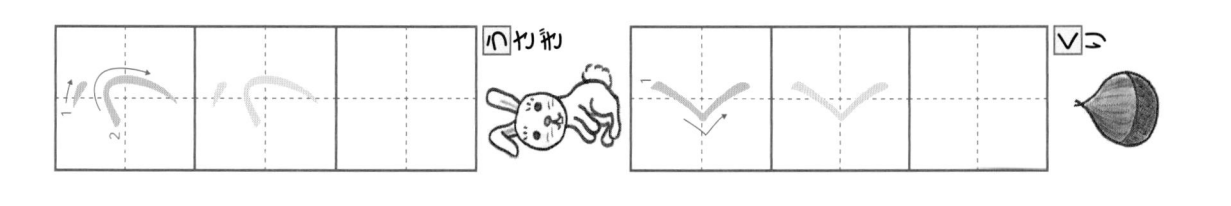

うさぎ

くり

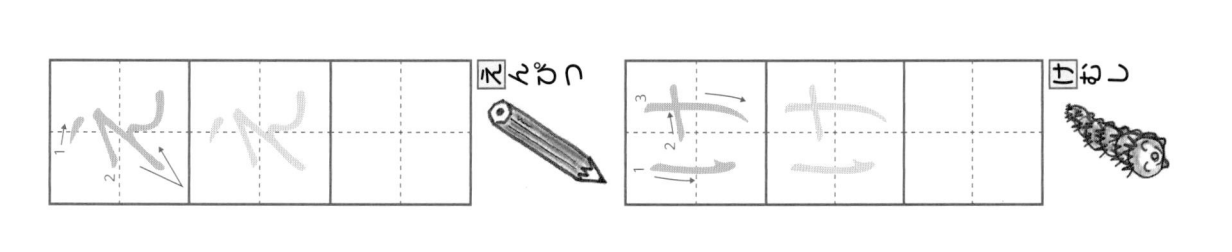

えんぴつ

けむし

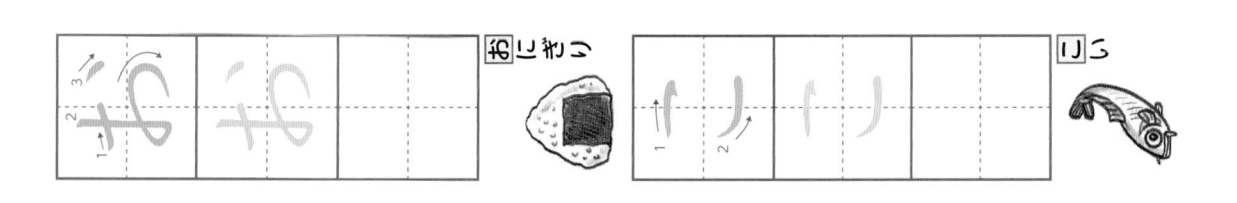

おにぎり

こい

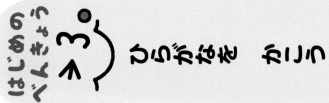

ひらがなを かこう

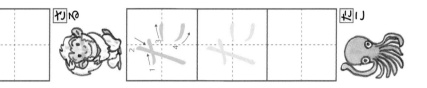

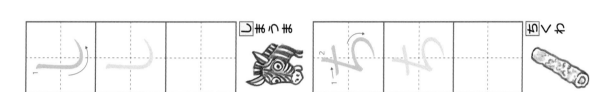

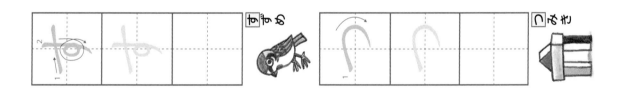

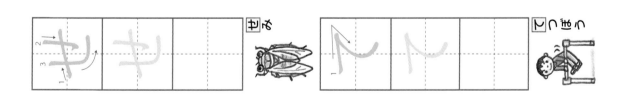

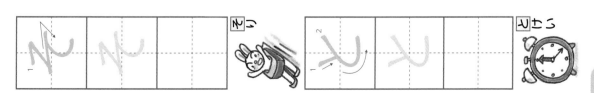

3

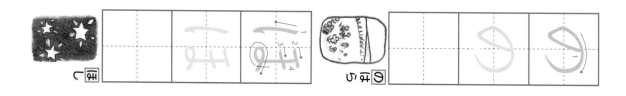

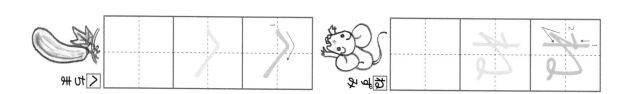

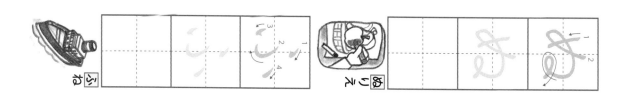

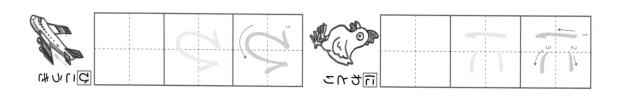

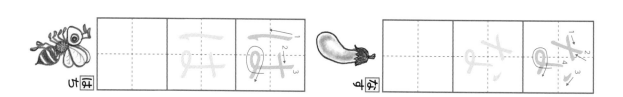

はじめの べんきょう ▼4.

ひらがなを かこう

えを みながら かきましょう。

はじめの べんきょう →5 ひらがなを かこう

✏️ ひらがなを かきましょう。

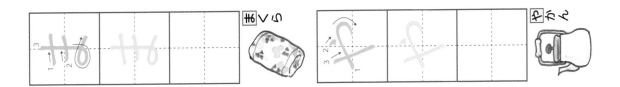

まくら　　やかん

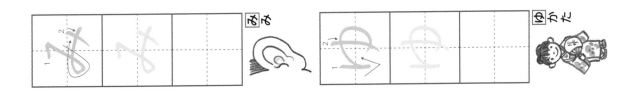

みみ　　ゆかた

むしめがね　　もうかん

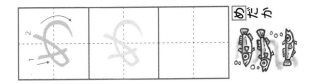

めだか

かきじゅんに きを つけて
ただしく かこうね。

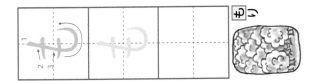

もり

がつ　にち

はじめの べんきょう 7

ひらがなを かこう

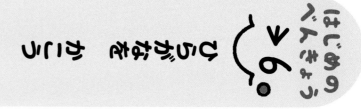

ひらがなを なぞって かきましょう。

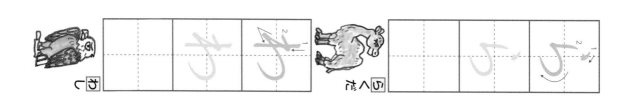

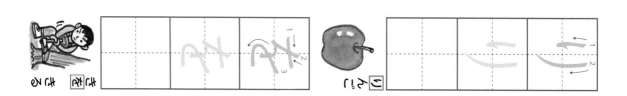

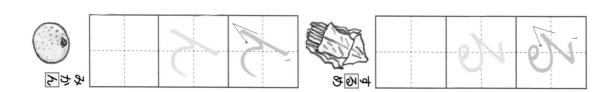

「わ」「ね」「れ」は、かたちが よく にて います。ちゅういして かきましょう。

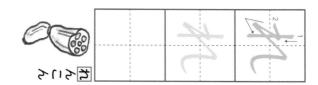

ひらがなを かこう

✏ ひらがなを かきましょう。

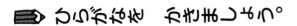

ばなな

ぱんだ
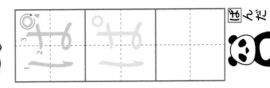

とびばこ

えんぴつ

ぶた
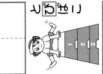

ぷりん

だんごむし

ぺんき

たんぼ

さんぽ

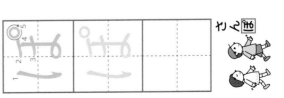

7

はじめの べんきょう ⑧ ひらがなを かこう

✏️ ひらがなを かきましょう。

ちいさく かく じ

や ゆ よ

きゃべつ

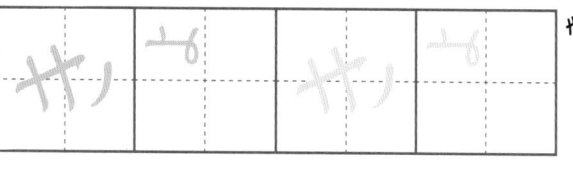

ちいさく かく じは
ますの みぎうえに
かくよ。

たいじゅうけい

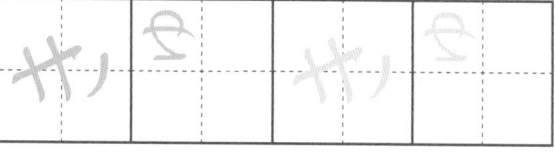

たいようけい

つ

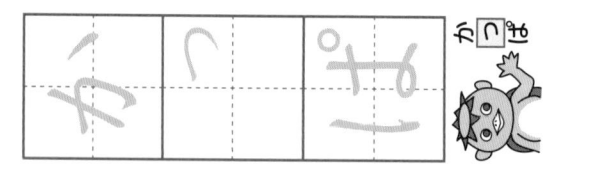
きっぷ

ただしく かける
ように がんばって
かきましょう。

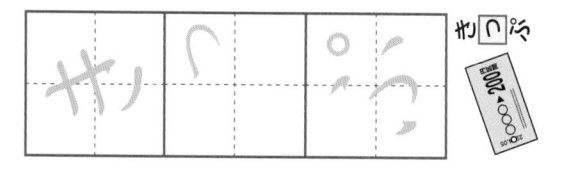
かっぱ

9 ひらがなの れんしゅう

じかん 20ぷん

ごうかく 80てん

/100

こたえ 85ページ

サクッと こたえ あわせ

月　日

❶ なんの えですか。えの なまえを かきましょう。 60てん(ひとつ5)

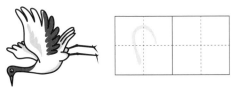

	つ

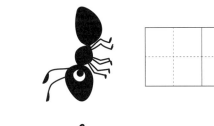

	り

 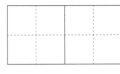  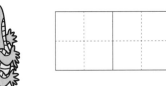 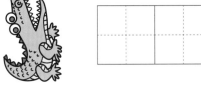

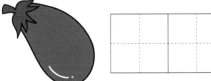 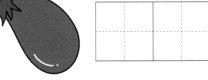

  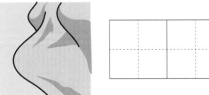

  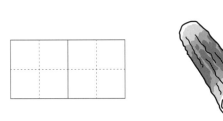

か		

 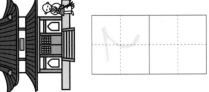

と		

え		

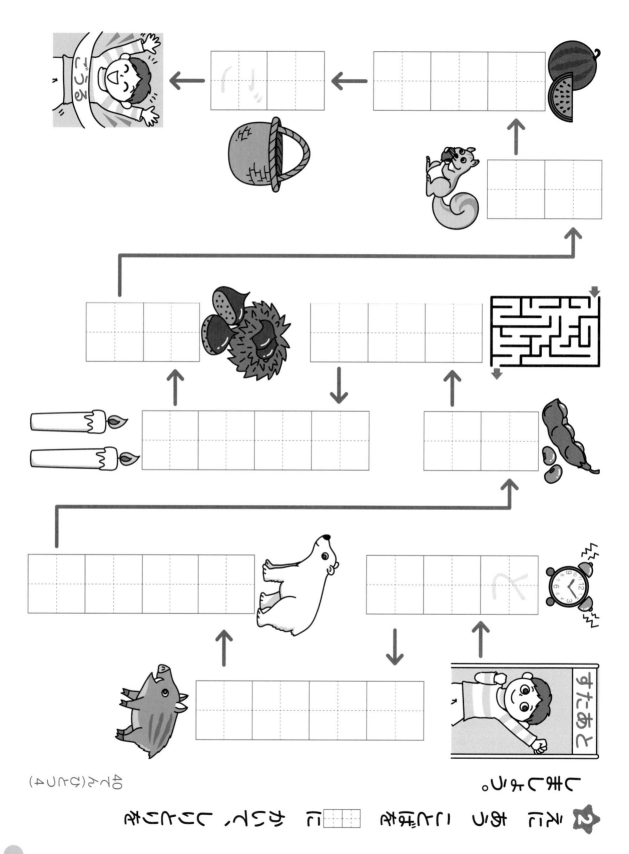

かたかなを かこう

✏ かたかなを かきましょう。

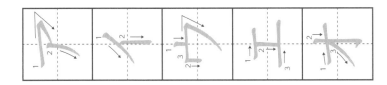

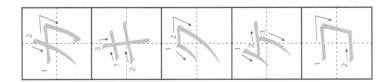

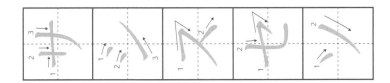

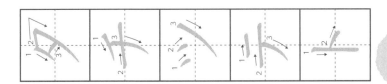

ひとつの ますの なかに ひともじが はいります。

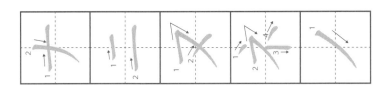

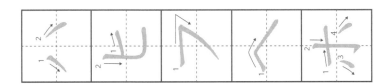

がつ　にち

はじめの べんきょう
11. かたかなを かこう

✐ かたかなを なぞりましょう。

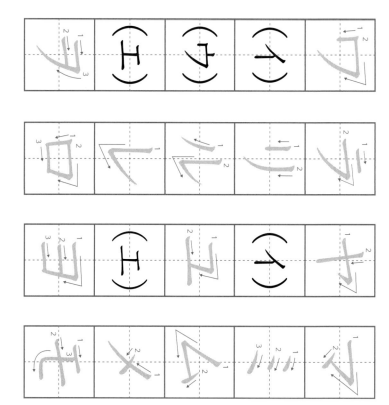

めいれい ぼい ツ

「ソ」「ツ」は かきだす いちが ちがうよ。ちゅういしてね。

じかん 15ふん
ごうかく 80てん
／100
こたえ 85ページ
月　日
サウンドこたえあわせ

✏ かいて おぼえよう！

1 よみがなを かきましょう。

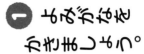
40てん(一つ10)

① （　　　）木を うえる。

② （　　　）木が そだつ。

③ （　　　）大きい あし。

④ 小さな ねこ。

□102・下57ページ
木　ボク モク　き こ

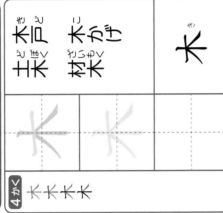

木
木かげ　木ざい・材木　木戸・土木
4かく　木木木

□114・下56ページ
大　ダイ タイ　おおきい おおいに

大
大きい・大金　大小・だいしょう　大空・大いに
3かく　大大大

□116ページ
小　ショウ　ちいさい お こ

小
小さい　小がわ・小川　小学校・小石
3かく　小小小

「木」も「大」も かきじゅんに きを つけましょう。

―の もんだいこの ページは ならいません。

② あてはまる かんじを かきましょう。

6てん(1つ10)

① きんの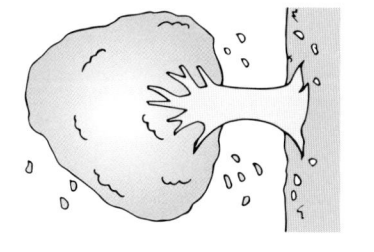

② の ぼりを する。

③ きな い ぬ。

④ こえを だす。

⑤ さい くつ。

⑥ おりがみを さく おる。

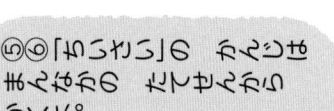

⑤⑥「ちいさい」の かんじは まんなかの たてせんから かくよ。

①・②の「き」は、きのの かたちから できた かんじです。
③・④の「おお」は、「大」を せつめいに かきます。

かずと かんじ ㈠

じかん 15ふん
ごうかく80てん
／100
サクッと こたえ あわせ
答え 85ページ

月 日

✏ かんじを おぼえよう・

（イチ・イツ） ひとつ □118ページ ひと	ひとくち ひと 一口 一つ いちばん いっかい 一ばん 一回 いち 一	いち 一
	1かく　一	

ニ ふた ふたつ □118ページ	ふたご ふたり 二ご 二人 ふつか ふたけた 二日 二けた にねん 二年	に 二
	2かく　二	

サン み みつ みっつ □118ページ	みっか みかづき 三日 三日月 みつ さんにん 三つ 三人 みっ 三つ	み 三
	3かく　三	

きょうかしょ 📖 ㊤ 118～121ページ

❶ よみがなを かきましょう。

40てん（１つ10）

㋐ （　　　　）
一つ たたく。

② （　　　　）
こうだが 一ぴき。

③ （　　　　）
こうだが 二ひき。

④ （　　　　）
こうだが 三びき。

なにかな？

↓つぎの ページに つづくよ→

② おくりがな を かきましょう。

60てん(1つ●)

① かみを 　□　 きって る。

② おにぎりを 　□　 つ だくる。

③ くるまが 　□　 だい。

④ 　□　 つ の りんご。

⑤ 　□　 ぼん の しま。

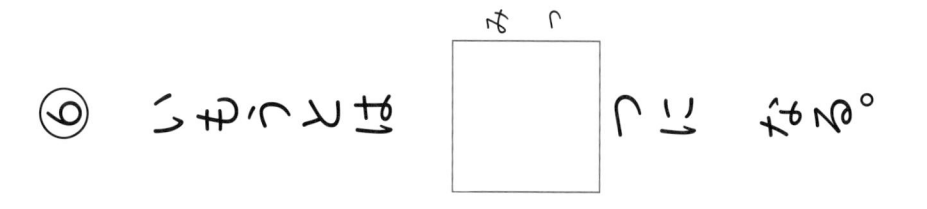

⑥ こいぬ にひき な る。

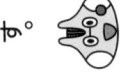

かずと　かんじ　(2)

じかん 15ふん
ごうかく80てん
/100
サクッと
こたえ
あわせ
こたえ 85ページ

月　日

✏ かいて おぼえよう。

□118ページ

シ

よよよよ(つ)
よん(つ)
よ(つ)

四
まげる

| 四人(よにん) 四日(よっか) | 四つ(よっつ) 四月(しがつ) | 四方(しほう) 四つ角(よつかど) | 四(し)〈くだがえ〉 |

5かく 四 四 四 四 四

□118ページ

ゴ

いつ(つ)
いつ

五
がく→

| 五日(いつか) 五月(ごがつ) | 五年生(ごねんせい) 五つ(いつつ) | 五(に) |

4かく 五 五 五 五

□119・下56ページ

ロク
(ロッ)

むむむむ(つ)
むい
むっ(つ)

六
とめる

| 六つ(むっつ) 六日(むいか) 六月(ろくがつ) | 六目(むつめ) 六日(むいか) 六切り(ろくぎり) | 六(は) |

4かく 六 六 六 六

—6「よみ」この ページは ならいません。

1 よみがなを
かきましょう。
40てん(1つ10)

①　（　）
四 つ だたく。

②　（　）
こぶだが 四 ひき。

③　（　）
こぶだが 五 ひき。

④　（　）
六 つ だたく。

おぼえましたか?

❷ あてはまる かたかな かきましょう。 （こ１つ４０）

① □へい こくぶ。

② □の かぎ。

③ えんぴ を して ほん□ か。

④ に□ だ ます □ ています。

⑤ □に おまわりの さん。

⑥ みかん□ が こ ある。

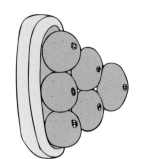

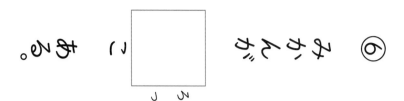

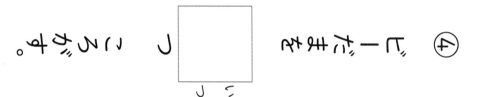

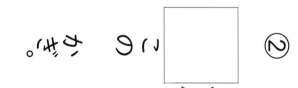

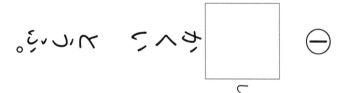

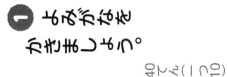

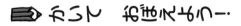

きほんの ドリル 15

かずと かんじ ⑶

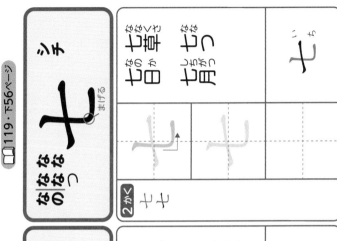

✏️ かいて おぼえよう！

📖119・下56ページ

七 シチ／なな／なな(つ)／なの

七日（なのか） 七草（ななくさ） 七月（しちがつ） 七つ（ななつ）

2かく 七七

📖119・下57ページ

八 ハチ／ハッ／や／やっ(つ)／よう

八日（ようか） 八重桜（やえざくら） 八百（やお） 八月（はちがつ） 八つ（やっつ）

2かく 八八

——の もじは ①の ページには ならいません。

1 よみがなを かきましょう。

40てん（1つ10）

① じぶんが 七ひき。
（　　　　）

② 七いろの にじ。
（　　　　）

③ じぶんが 八ひき。
（　　　　）

④ 八つ たべく。
（　　　　）

「七」は よいの ほうを ながめに かきます。むきを つけましょう。

おぼえようね

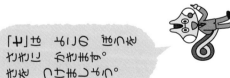

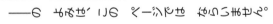

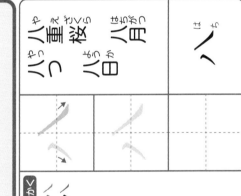

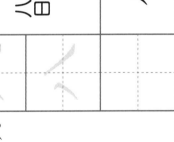

↓つぎの ページに つづくよ

テスト 2　①のぶんを、「わ」「は」を つかって。

2 あてはまる かなづかいを かきましょう。　5てん(1つ5)

① □（し） の とり が います。

② □（な）□（な） 草（へや）の は たしたおか。

③ □（な）□（な） の おはし。

④ ケーキを □（は）□（ち） い かう。

吹き出し：④⑤⑥の「□」と「□」は、「じ」・「ぢ」・「ず」・「づ」の どれかが あてはまるよ。あとは かんがえてね。

⑤ □（は）□（し） のつえ た んじょうび。

⑥ まる □（しょ） か へ。

かずと かんじ (4)

✏ かいて おぼえよう!

□119ページ

九 キュウ ク		
ここのつ ここの		

九日(ここのか)　九月(くがつ)　九(お)つ
2かく 九九

□119ページ

十 ジュウ ジッ(ジュッ)		
とお		

十日(とおか)　十月(じゅうがつ)　十人十色(じゅうにんといろ)　十回(じっかい)　十(じゅう)
2かく 十十

① よみがなを かきましょう。
40てん(1つ10)

① こうだが 九ひき。
（　　　　　）

② 九つの むら。
（　　　　　）

③ 十がつの よてい。
（　　　　　）

④ 十とうの うし。
（　　　　　）

—の ことばは ○ページにも ならいますが。

「九」も「十」も かきじゅんに きを つけましょう。

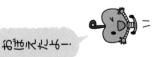

おぼえたよー!

→ つぎの ページに つづくよ!

21

きょうかしょ
上 118〜121ページ

② あてはまる　かんじを　かきましょう。　　　6てん(1つ5)

① [　] の　にかきご。

② [　] がしに　こよここです。

③ とんぐりが　[　] て　ある。

④ [　] にんで　はなしあう。

⑤ [　] の　まんじゅう。

⑥ [　] かに　てんてんです。

④⑤⑥「ぢゃぢ」・「ぢ」・「ぢゃ」の
かんじは　ただしんから
かくよ。

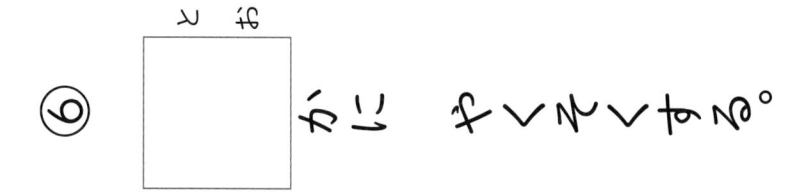

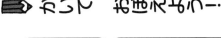

きほんの ドリル 17 くりかえし (1)

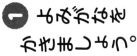

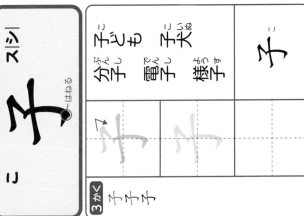

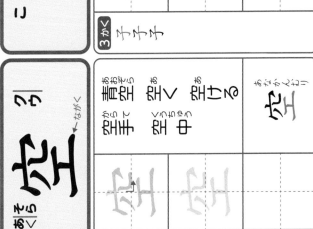

かいて おぼえよう!

1 よみがなを かきましょう。

40てん(1つ10)

① （　　　）子どもが わらう。

② かわいい 子うま。（　　　）

③ （　　　）空を みあげる。

④ 先生に きく。（　　　）

がんばって おぼえよう。

─①の よみは この ページでは ならいません。

きょうかしょ 下 6〜18ページ

→つぎの ページに つづくよ→

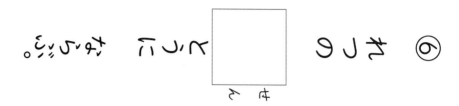

❷ あてはまる かたかなを かきましょう。

9てん(一つ)

① し□しい ねいろの □。

② □もりたてた。

③ とりが □□を とぶ。

④ おお□□ ひろがる。

⑤ とりは □□せい。

⑥ れつの □□でなら。

⑤の「かんと きょうと」は なまえなので かたかなで かくことに ちゅういしましょう。

かん字 (2)

じかん 15ふん
ごうかく80てん　/100
サクッと こたえ あわせ
こたえ 85ページ
月　日

📖 かいて おぼえよう！

□7・20・80ページ

生			
セイ ショウ	生きる　生む 生える　生水　学生 生まれる　一生　生う		生 うまれる

いきる・いかす
いける・うまれる
うむ・おう
はえる・はやす・き・なま

5かく　生生生生生

□9ページ

男			
ナン ダン	男子　大男　山男　男 男子　男女　手長 長男　男女　男の手		男 だん

おとこ

7かく　男男男男男男男

□9ページ

女			
ジョ	女王　女手　少女　次女 女王　雪女　女子 女王　少女　女子		女 おんな

おんな

3かく　女女女

—の よみは、この ページでは ならいません。

❶ よみがなを かきましょう。

40てん（一つ10）

① （　　　）先生と はなす。

② 一年（　　　）生に なる。

③ はしる （　　　）男の子。

④ （　　　）女の子が わらう。

できましたか？

↓つぎの ページも つづくよ！

きょうかしょ 下6〜18ページ

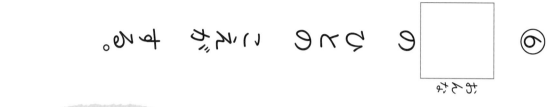

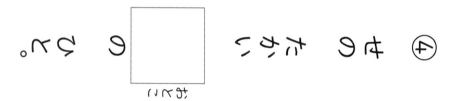

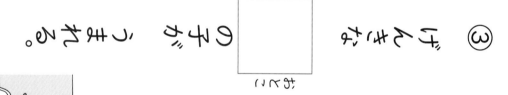

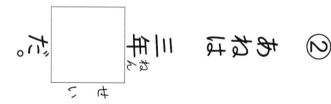

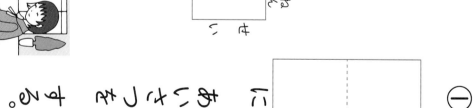

③・④の字は、□の上、または□の下に、かん字に あう ひらがなを かきましょう。

2 あてはまる かん字を かきましょう。 1もん10てん（100）

① □□□□に あさひが さす。

② あねは 三年生だ。

③ げんきな 女の子が たくさん いました。

④ はなの たいせつ の ひと。

⑤ 大きな ものの てつ。

⑥ 大きな てつの こうじが する。

⑤⑥の「大」の かん字は おおきさを あらわす かん字だよ。

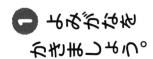

きほんの
ドリル 19

くらべよう ③

サッと こたえ あわせ

<table>
<tr><td>じかん 15ふん</td></tr>
<tr><td>ごうかく 80てん</td><td>/100</td></tr>
</table>

こたえ 85ページ

月 日

✏️ かいて おぼえよう!

📖 10ページ

シュ
て
手
て
た

手て記き 手て紙がみ
手わ話じゅ 手ほ本ん
投な右みぎ手て

4かく
手手手手

📖 10・56ページ

テン
あま
天
あま

天の川がわ 天てん気き
天てん下か
天下くだり

4かく
天天天天

📖 12ページ

セイ
あお
あおい
青
あお
あおい

青あお空ぞら 青あおい
青ねん年 青白じろい
青しゅん春

8かく
青青青青青青青青

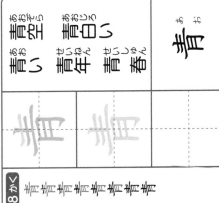

「青」の かきじゅんに ちゅういしましょう。

❶ よみがなを かきましょう。
40てん(1つ10)

① (　　　)
手を つなぐ。

② (　　　)
天まで とどけ。

③ (　　　)
まん天の ほし。

④ (　　　)
青い 空。

── の よみがなの ページでは ならいません。

↓つぎの ページに つづくよ!

きょうかしょ 📖 下 6〜18ページ

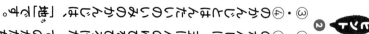
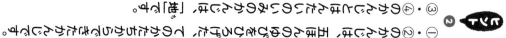

③・④のぶぶんは、画すうがおおくなるように、とめてかくからちゅうい。
①・②のぶぶんは、画すうがすくなくなるように、つきださないからちゅうい。

2 あてはまる かんじを かきましょう。

① □て みぎ を あげる。

② □て かみ を だす。

①「大」の かくすう
　よんかくだから
　ちゅうい！
②「大」の かくすう
　よんかくだから
　ちゅうい！

③ かぞくで □てん ます。

④ あには、こうての □てん よつだ。

⑤ □おお いが、はげん。

⑥ □おお の いえまで。

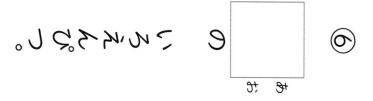
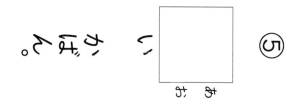
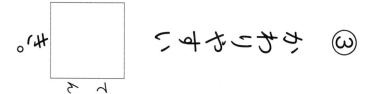
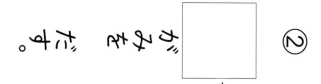

じかん 20ぷん
ごうかく80てん /100
サクッとこたえあわせ
こたえ85・86ページ
月 日

1 かんじの よみがなを かきましょう。

50てん(1つ5)

① （　　　　　）
六月に いなかに いく。

② （　　　　　）
みかんを 二こ たべる。

③ （　　　）（　　　）
大きな 木の したで やすむ。

④ （　　　　　）
五だいの くるまが とまって いる。

⑤ （　　　　　）
天を みあげて ほしを さがす。

⑥ （　　　）（　　　）
九こと 十と かぞえる。

⑦ （　　　）（　　　）
小さい 子どもと あそぶ。

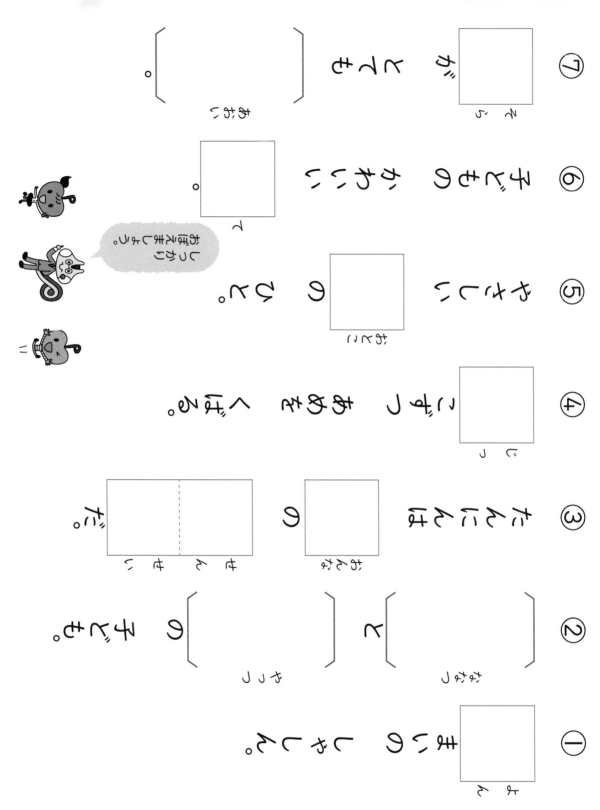

2 あてはまる ことばを 〔 〕に かきましょう。ひらがなを かきましょう。

50てん（1つ5）

① まきの □ に しました。

② 〔 　 〕と 〔 　 〕の □ チどもす。

③ たにんは □ の おなな。だ。

④ いすし おもを □ る。

⑤ やさい の □ で さかい。

⑥ チどもの かおを こい □。

⑦ かを □ てんと 〔 　 〕。

ことばを かきましょう。

まちがいを なおそう

サクッと
こたえ
あわせ

じかん 15ぷん
ごうかく80てん
／100
こたえ 86ページ

月　日

✏️ かいて おぼえよう！

モ ブン（モ）	作文 ぶんがく 文学	ぶんめい 文明	ぶん 文
つける	文く ぶんく		

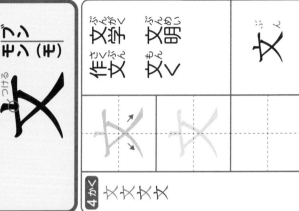

4かく 文文文文

ジ	赤字 あかじ 数字 すうじ	字か じか 字体 じたい	じ 字
はねる			

6かく 字字字字字

ショウ セイ	正しい ただしい	正す ただす	こ ゝ 正
ただしい ただす	正ゆめ まさゆめ	正数 せいすう	正月 しょうがつ

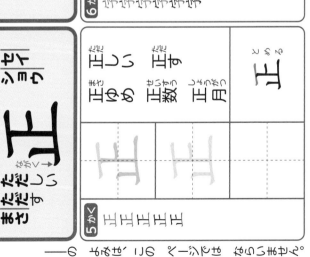

5かく 正正正正

—6 も せ1 の ページせ ならいません

1 よみがなを かきましょう。

40てん（1つ10）

① （　　　　　）
文 しょうを よむ。

② （　　　　　）
字 を かく。

③ （　　　　　）
字 の かきかた。

④ （　　　　　）
正 しい こたえ。

「正」の
かきじゅんを
おぼえましょう。

↓つぎの ページに つづくよ→

きょうかしょ 📖 下19ページ

⑤・⑥のかん字は、どこからかきはじめますか。

③・④のかん字は、いくつのぶぶんからできていますか。

② あてはまる かん字を かきましょう。　かん(一つ5)

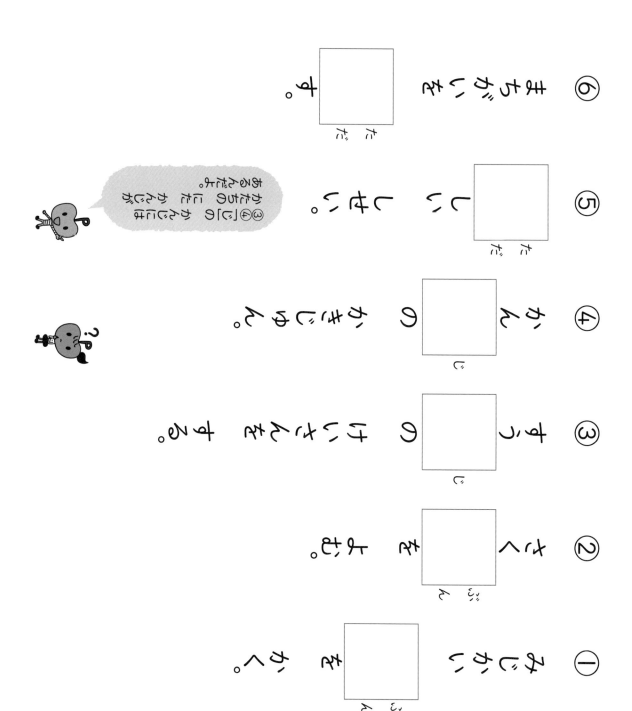

① みじかい ［　　］(ぶん) を かく。

② ［　　］(ぶん) を よむ。

③ ［　　］(し) の けしきを たのしむ。

④ ［　　］(し) の かいすう。

⑤ ［　　］(たい) にしん しよう。

③④の「□」は はねるか とめるか ちゅういしよう。

⑥ まちが ［　　］(たた) す。

しらせたいな 見せたいな

じかん 15ふん
ごうかく 80てん
／100
こたえ 86ページ
サクッとこたえあわせ
月 日

✏ かいて おぼえよう！

見 ケン はねる みる・みえる・みせる		
見る み 見せる み 見える み 見学 けんがく		見 みる

7かく 見見見見見見見

学 ガク（ガッ） はねる まなぶ		
学ぶ まな 学生 がくせい 学校 がっこう 学年 がくねん		学 がく

8かく 学学学学学学学学

校 コウ とめる		
校こう 校しゃ 転校 てんこう 校長 こうちょう		校 こうしゃ

10かく 校校校校校校校校校校

📖20ページ
📖20・123ページ
📖20ページ

—の よみは、この ページでは ならいません。

🔊 よんで おぼえよう！

●…よみかたが あたらしい かん字
═…おくりがな

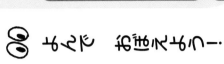

教20ページ 生 セイ いき─る・いき─かす・い─ける	教22ページ 先 セン さき

?P むずかしいね。

1 よみがなを かきましょう。
40てん（一つ10）

① （　　　） えを 見せる。

② （　　　） 学校に いく。

③ （　　　） 生きものを かう。

④ （　　　） 先に いく。

①のかん字を「目」をつかって、□にただしいかきじゅんのかんじをかきましょう。

③・④の「リ」のかん字をね、かんちがいしやすいきをつけてかきましょう。

❷ あてはまる かん字を かきましょう。 点(一つ5)

① ち を □ む。

② □ぐって。 しよう。

② ③「人」・「入」のかん字は、かたちが にているので、気をつけてかきましょう。

③ と な り の □ 中。

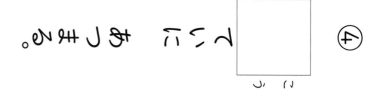

④ □ こに あし ます。

⑤ □ が なき ます。

⑥ ゆ び の □ に ペン が つ ます。

やくそく(一つ5)

かん字の はなし （1）

じかん 15ふん
ごうかく80てん
／100
こたえ 86ページ

月　日

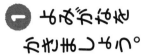

✏️ かいて おぼえよう。

📖24ページ	サン / シ	やま
山男（やまおとこ）　雪山（ゆきやま） 山中（さんちゅう）　火山（かざん）　山（やま）		
3かく 山 山		

📖24・56ページ	スイ / はねる	みず
水あめ（みずあめ）　水着（みずぎ） 水田（すいでん）　水分（すいぶん）　水（みず）		
4かく 水 水 水		

📖25ページ	ウ / はねる	あめ
雨ふり（あめふり）　大雨（おおあめ） 雨水（あまみず）　雨もり（あまもり）　雨（あめ）		
8かく 雨 雨 雨 雨 雨 雨 雨 雨		

①の よみせいの ページには ならいません。

❶ よみがなを かきましょう。

40てん（1つ10）

① （　　　　）　山に のぼる。

② （　　　　）　水が ながれる。

③ （　　　　）　雨が ふる。

④ （　　　　）　大雨に そなえる。

しっかり おぼえましょう。

→つぎの ページに つづくよ

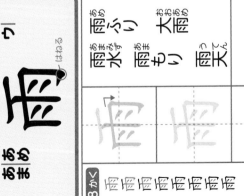

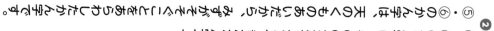
２ あてはまる かん字を かきましょう。

９てん(一つ2)

① たか □ い。

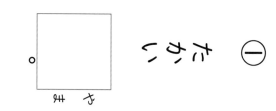

② けわ □ しい ……らしい。

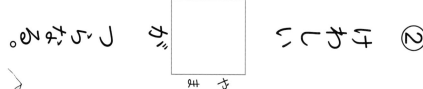

③ つめたい □ を のむ。

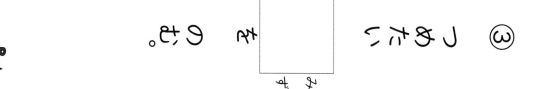

④ あそ □ を ……する。

（むしの ふきだし）
③④「冷たい 水を のむ。」でしょう。

⑤ とおり □ に ……う。

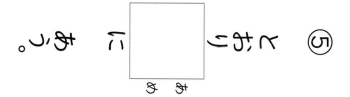

⑥ はた □ けへ ……ぶ。

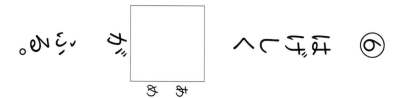

36

じかん 15ふん
ごうかく80てん
/100
サクッと こたえ あわせ
こたえ 86ページ
月 日

✏ かいて おぼえよう!

上

ジョウ ショウ
つき出さない

あげる・あがる・のぼる
うえ・うわ・かみ

📖 25・33・112ページ

年上 としうえ	上 うわ	上 のぼる	上 うち
川上 かわかみ	上げる あげる	上下 じょうげ	

3かく 上 上 上

下

カ ゲ

した・しも・くだる・くだす・くださる
さげる・さがる・おろす・おりる

📖 25・49ページ

年下 としした	川下 かわしも	下ろす おろす	下 した
下げる さげる	下だる くだる	天下 てんか	

3かく 下 下 下

日

ニチ ジツ
つき出さない

ひ・か

📖 26・56ページ

夕日 ゆうひ	三日 みっか	日時 にちじ	日 ひ
	本日 ほんじつ		

4かく 日 日 日 日

―の よみがなは、この ページでは ならいません。

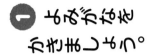

1 よみがなを かきましょう。

40てん(1つ10)

① つくえの 上。 （ 　 ）

② 下を むく。 （ 　 ）

③ 日が さす。 （ 　 ）

④ 日が のぼる。 （ 　 ）

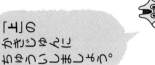 「上」の かきじゅんに ちゅういしましょう。

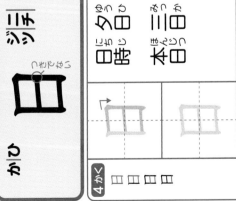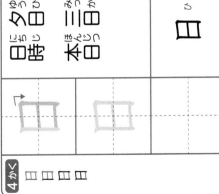

❷ あてはまる　かん字を　かきましょう。

60てん(一つ10)

① やねの □(うえ) に　のぼる。

② たなの □(うえ) の　はこを　とる。

③ いすの □(した) を　さがす。

④ 木の □(した) で　やすむ。

⑤ きれいな　夕(ゆう)□(ひ)。

⑥ □(ひ) が　しずむ。

⑤⑥「ひ」の　かん字には　かたちの　にた　字が　あるよ。

ヒント ❷

①・②のかん字は、一ぽんのせんのうえにしるしをつけて「うえ」をあらわしたかん字です。

③・④のかん字は、一ぽんのせんのしたにしるしをつけて「した」をあらわしたかん字です。

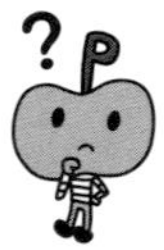

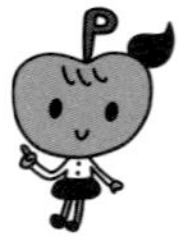

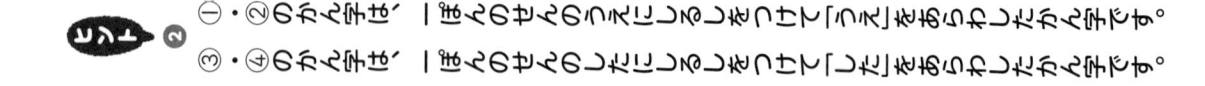

かん字の はなし (3)

じかん 15ふん
ごうかく80てん
／100
サクッと
こたえ
あわせ
こたえ 86ページ
月 日

かいて おぼえよう!

□26・56ページ

ひ カ

火

火び	火よう日 すみ	火か 点火てん 花火はな	火ひ

4かく
火 火 火

□26ページ

た デン

田

田た	田うえ 青田あおた	田はた 田園でんえん	田ち 田地でんち

5かく
田 田 田 田 田

□26ページ

かわ

川

川なが	小川おがわ 川上かわかみ	川がみ 天の川あまのがわ 川しり 川尻かわじり	川かわ

3かく
川 川 川

—の よみは この ページでは ならいません

1 よみがなを かきましょう。

40てん(1つ10)

① ( ) 火の ようじん。

② ( ) 田んぼの いね。

③ ( ) ひろい 川。

④ ( ) 川が ながれる。

「田」の
かきじゅんに
ちゅういしましょう。

? つぎの ページに つづくよ→

③・④の かん字は、図を よく見て、なにを するのかを かんがえよう。
⑤・⑥の かん字は、ものの なまえから かんがえよう。

2 あてはまる かん字を かきましょう。 ②（二／③）てん

① はな ☐(び) を見る。

② ろうそくに ☐(ひ) を つける。

③ ☐(た) んてんを する。

④ はたを ☐(た) たてます。

⑤ きゅう ☐(か) の なかま。

⑥ ☐(か) で やく。

（ふきだし）①ひ・び ②か の よみかたが あるよ。

じかん 15ふん

ごうかく 80てん

／100

サクッと こたえ あわせ

こたえ 86ページ

月　日

✏ かいて おぼえよう！

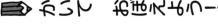

チク

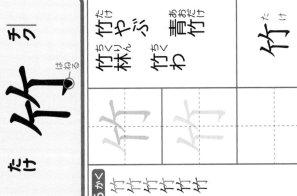

たけ

はねる

竹

□27ページ

竹
たけ

青竹
あおだけ

竹
ちく
わ

竹
ちく
林
りん

たけ
やぶ

6かく

竹竹竹竹竹竹

ゲツ ガツ

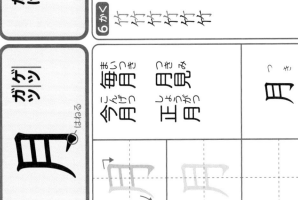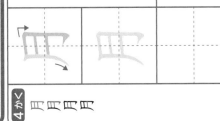

つき

はねる

月

□27・56ページ

月
つき

月
げつ
見
み

正月
しょうがつ

毎月
まいつき

今月
こんげつ

4かく

月月月月

① よみがなを かきましょう。
40てん（1つ10）

① （　　　）
竹 を きる。

② （　　　）
竹うまに のる。

③ （　　　）
月 が でる。

④ （　　　）
月 の ひかり。

── の よみが この ページには ありません。

おぼえたー！

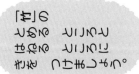
「竹」の
とめる ところ
はねる ところに
きを つけましょう。

? ?

↓ つぎの ページに つづくよー

41

② あてはまる かん字を かきましょう。 8てん(1つ2)

① □（たけ） とんぼを つく。

② □（たけ） やぶに はいる。

③ □（たけ）のこを おおきく かつぐ。

④ お□（しゃ） を 見を する。

⑤ きゅう□（しゃ） が きゅうに くる。

⑥ き□（しゃ） に いっぽ のりこむ。

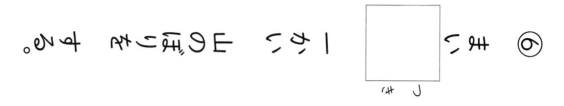

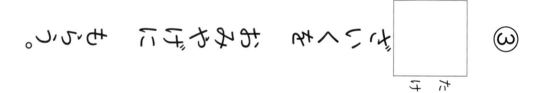

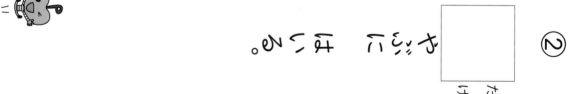

じどう車くらべ
じどう車ずかんを
つくろう

📖 かいて おぼえよう！

📗30・44ページ

シャ
車 なが くるま （ぐるま）

くるまへん
車

にもつ
荷車 にぐるま

いとぐるま
糸車 いとぐるま

かた車 がたぐるま

車り しゃりん

7かく
車車車車車車車

📗31ページ

ジン
ニン
人 せらう
ひと

人
ひと

人生 じんせい

人形 にんぎょう

名人 めいじん

2かく
人
人

📗37ページ

キ
ケ
気 せねる
やがまえ

気
やがまえ

気分 きぶん

気はい

空気 くうき

気力 きりょく

6かく
気気気気気気

—この よみせいこの ページでは ならいません。

👀 よんで おぼえよう！

●…よみかたが あたらしい かん字
＝…おくりがな

参33ページ
上
あおうえ あがける

1 よみがなを かきましょう。
40てん（1つ10）

① じどう 車
（　　　　　）

② 人 を のせる。
（　　　　　）

③ もち 上 げる
（　　　　　）

④ 気 が つく
（　　　　　）

あたらしい よみかたも おぼえましょう。

↓うらの ページに つづくよ！

てっくおんと 下30〜37ページ

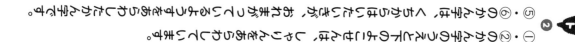

２

（一）・⑥のかん字のよみがなは、つぎのうちのどれでしょうか。
（二）・②のかん字のかきじゅんは、ぜんぶでなんかくでしょうか。
⑤・⑥のかん字も、いみからかんじのつくりがわかりますか。

２ あてはまる かたかなを かきましょう。

（一つ10てん）

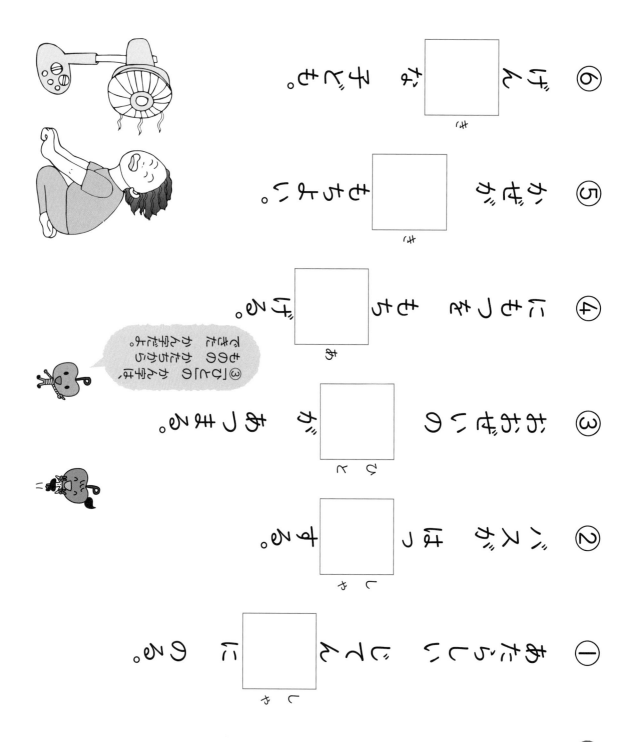

まちがいを なおそう／
じじゅう車かんを
つくろう

1 かん字の よみがなを かきましょう。

50てん(1つ5)

① （　　　）（　　　）
正しい 字を かく。

② （　　　）
四月に なると 学年が あがる。

③ （　　　）（　　　）
にもつを つくえの 上から 下に おく。

④ （　　　）
川で つりを する。

⑤ （　　　）（　　　）
となりの 人と はな火を する。

⑥ （　　　）
たくさんの 竹が はえる。

⑦ （　　　）
あさ日が かがやく。

2 あてはまる かん字を 〔 〕に 書きましょう。ひらがなは かん字を つかって かきましょう。

50てん（1つ5）

① なが〔　〕（ぶん）い しょうせつ を よむ。

② 〔　〕（た）んぼに 〔　〕（みず）を ひく。

③ じ〔　〕（し）んて を いじ〔　〕（き）く いく。

④ ともだち と 〔　〕（し・じ）て あそぶ。

⑤ きもちが 〔　〕（め・あ）から ... こと て ... こと へ。

⑥ はなはな する 〔　〕（き）だち よう。

⑦ こんく を 〔　〕（し・き）... 〔　〕（みど）。

じかん 15ふん
ごうかく 80てん
／100
サウンドでこたえあわせ
こたえ 86ページ
月　日

かいて おぼえよう！

□44ページ

糸　シ　いと
とめる
綿糸（めんし）
毛糸（けいと）
たこ糸（たこいと）
糸（いと）をとめる
6かく　糸糸糸糸糸糸

□46ページ

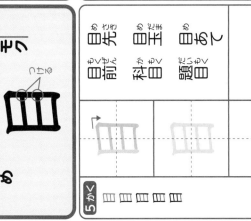

目　モク　め
目前（もくぜん）
目先（めさき）
科目（かもく）
目玉（めだま）
題目（だいもく）
目あて（めあて）
5かく　目目目目目

□46ページ

玉　ギョク　たま（たま）
ながく
玉石（ぎょくせき）
玉入れ（たまいれ）
水玉（みずたま）
玉（たま）
5かく　玉玉玉玉玉

——の よみかたの ページには ならいません。

よんで おぼえよう！

●…よみかたが あたらしい かん字

□44ページ
車　シャ
くるま（くるま）

1 よみがなを かきましょう。
40てん(1つ10)

①（　　　）糸車を まわす。

②（　　　）糸を きる。

③（　　　）目玉が のぞく。

④（　　　）シャボン玉

「糸」の かきじゅんに 気を つけましょう。

↓つぎの ページに つづくよ！

③のかん字は、「シャ」「ジョ」にちゅういしましょうね。
④・⑤のかん字は、のこりのかくにもちゅういしましょう。

② あてはまる かん字を かきましょう。

① あ □ で ぬう。

② □ の ふくを きて スキーを する。

③ へや に □ のる。

④ あ □ を とじる。

⑤ あての めいくえ な □ を だす。

⑥ みず を たす の □ ます か。

⑥の「みず」の かん字の いちに ちゅうい。

50てん(一つ5)

たぬきの 糸車 (2)

✏ かいて おぼえよう！

□49ページ

村
ソン
むら
（はねる）

村それ長 村人（むらびと） 村長（そんちょう）	村まつり（むらまつり） 山村（さんそん）	キ（くん） 村

7かく
村村村村村村村

□50ページ

白
ハク びゃく
しろ しらい
（つける）

まっ白（まっしろ） 白い（しろい）	白がく 白紙（はくし） 空白（くうはく）	し（ろ） 白

5かく
白白白白白

―の よみせ、二の ページでは ならいません。

1 よみがなを かきましょう。
40てん(一つ10)

① 小さな 村（　　）。

② 山を 下（　　）りる。

③ 白（　　）い 糸。

④ まっ白（　　）な 玉。

👀 よんで おぼえよう！

●…よみかたが あたらしい かん字
＝…おくりがな

◎49ページ
下
おりる くだす

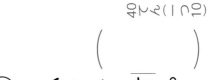
「下」には、よみかたが たくさん あります。おくりがなにも ちゅういしましょう。

がんばるぞ。

↓つぎの ページに つづくよ！

きょうかしょ 下44〜55ページ

❷ あてはまる かん字を かきましょう。

① <む・ら>□ の 学校に かよう。

② <む・ら／び・と>□ に はなしを きく。

③ <む・ら>□ はずれに ある おてら。

④ ぶたいから <お>□ りる。

⑤ <し・ろ>□ い くつを はく。

⑥ まっ <し・ろ>□ な くま。

⑤⑥の「しろ」の かん字には かたちの にた字が あるよ。

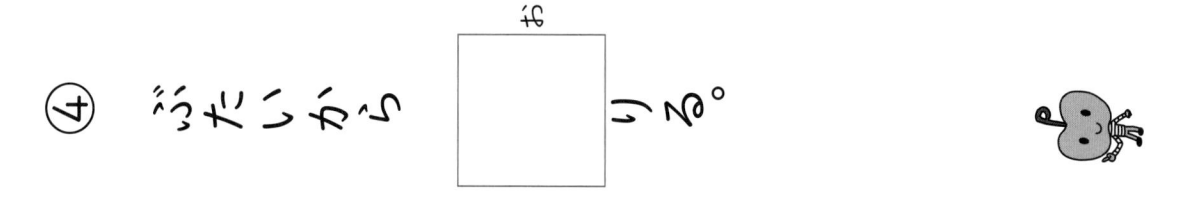

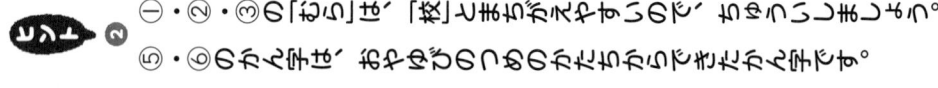
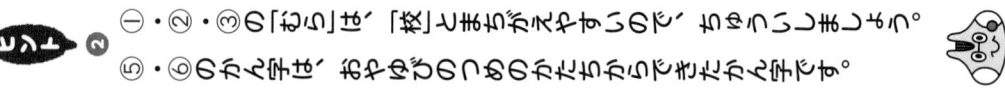

きほんドリル 31

たぬきの 糸車 (3)

じかん 15ふん
ごうかく80てん
／100

こたえ 86ページ

月　日

✏ かいて おぼえよう!

教50・57ページ

ド
ト
つち
赤土 あか 土	土地 つち	土 ち
土手 ど て	土あそび つち	

3かく 土 土 土

教50ページ

オン
と
ねおと
本音 ほん おと	物音 もの おと	音 お
足音 あし おと	音色 ね いろ	
音楽 おん がく	高音 こう おん	

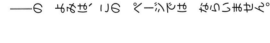

9かく 音 音 音 音 音 音 音 音 音

―― の よみは、この ページでは ならいません。

1 よみがなを かきましょう。

40てん(1つ10)

① いえの 土間。 (　　　)

② 川の 土手。 (　　　)

③ 音が きこえる。 (　　　)

④ 大きな 音。 (　　　)

わかったよ!

「音」の 1かく目は みじかい たてせんです。てんを かかないように ちゅういしましょう。

↓うらの ページに つづくよ!

きょうかしょ 下44〜55ページ

2 あてはまる かん字を かきましょう。

95てん(1もん)

① □ よう日に □□で でかける。

② ねん□ で あなを あける？

③ 川の □□に てつ□ の はしが ある。

④ かなの □□ が きいろい。

⑤ 足(あし) □□ を たてる。

⑥ た□□ の □□ を なおす。

④⑤の「ち」の かきかた ちがうのに きを つけましょう。

52

かん字 テスト (1)

じかん 15ふん
ごうかく 80てん
／100
サクッとこたえあわせ
答え 86ページ
月 日

✏ かいて おぼえよう!

□ 56・110ページ

花（カ・はな）
花(はな)がはねる
花火(はなび)　花びら(はなびら)
花だば　花粉(かふん)
7かく　花花花花花花

□ 57ページ

休（キュウ・やすむ・やすめる・やすまる）
休む(やすむ)　休める(やすめる)　休まる(やすまる)
休日(きゅうじつ)
休(にん)
6かく　休休休休休

――の よみ方が この ページでは ならいません。

◯◯ よんで おぼえよう!

●…よみかたが あたらしい かん字
＝…おくりがな

きょう56ページ	きょう56ページ	きょう56ページ	きょう56ページ	きょう56ページ
月 ガツ・ゲツ・つき	正 セイ・ショウ・ただしい・ただす	日 ニチ・ジツ・ひ・か	六 ロク・むっつ・むい	七 シチ・ななつ・なな・なの
きょう56ページ	きょう56ページ	きょう56ページ	きょう57ページ	きょう57ページ
天 テン・あま・あめ	大 ダイ・タイ・おお・おおきい・おおいに	火 カ・ひ・ほ	水 スイ・みず	八 ハチ・やっつ・や・やつ・よう

1 よみがなを かきましょう。

40てん(1つ10)

① （　　　）
　花が さく。

② （　　　）
　天の川を 見る。

③ （　　　）
　日よう日

④ （　　　）
　なつ休み

「休」の かきじゅんに ちゅうい しましょう。

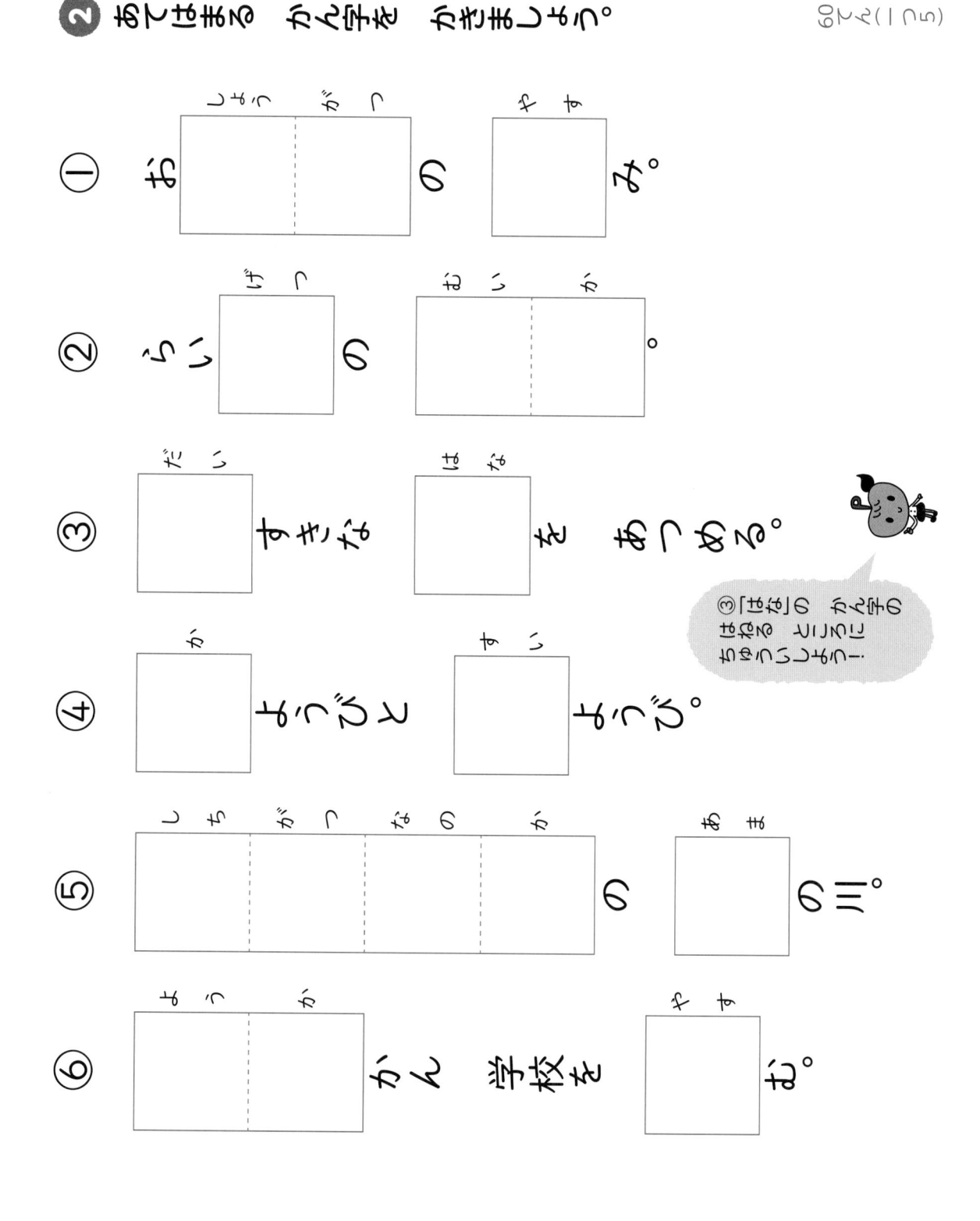

② あてはまる かん字を かきましょう。　60てん(1つ5)

①　お◯◯ の や◯み。

②　ら◯ の あ◯◯。

③　◯ すきな は◯ を あつめる。

③「はな」の かん字の はねる ところに ちゅういしてね!

④　◯ようび と す◯ようび。

⑤　◯◯◯◯ の あ◯ の 三◯。

⑥　◯ かん学校を す◯。

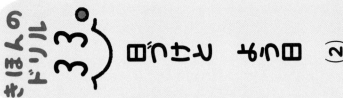

きほんのドリル 33

かん字 とくん (2)

じかん 15ふん
ごうかく80てん
／100
こたえ 86ページ

月 日

✐ かいて おぼえよう!

📖57ページ

チュウ / むし

虫

青虫 むしめがね
虫歯 にくちゅう

むし

6かく 虫虫虫虫虫虫

📖57ページ

キン / かね・かな

金

金山 金あみ
黄金 お金 きんぞく

かね

8かく 金金金金金金金金

――の よみがこの ページでは ならいません。

👀 よんで おぼえよう!

●…よみかたが あたらしい かん字

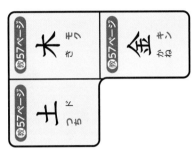

教57ページ ● 木 きう	教57ページ ● 金 かね
教57ページ ● 土 ど	

1 よみがなを かきましょう。

40てん(一つ10)

① 虫を つかまえる。
（　　　）

② 木よう日の よる。
（　　　）

③ お金を ためる。
（　　　）

④ 土あそびを する。
（　　　）

「金」の かきじゅんに ちゅういしましょう。

↓うらの ページに つづくよ!

きょうかしょ 下56～57ページ

①・②の文が、くみあわさってできた文から、かん字ができるようになりましょう。

❷ あてはまる かん字を かきましょう。

① □（もじ）を めがねで 見る。

② □（むし）の なまえ。

③ □（もく）よう日に ほんを かえす。

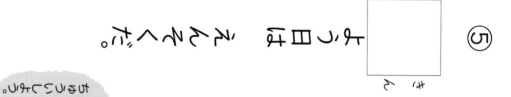

④ お□（かね）を ひろう。

⑤ □（きん）よう日は よく うんどうした。

⑤の「きん」の かきじゅんに きをつけよう。

⑥ にわの □（つち）を ほる。

じかん 15ふん
ごうかく 80てん /100
サクッとこたえあわせ
こたえ 86ページ
月　日

かいて おぼえよう!

□ 60ページ

本
ホン
もと
あける

手本 てほん　本日 ほんじつ
根本 ねもと　二本 にほん

5かく　本 本 本 本

□ 63ページ

森
シン
もり
とめる

森林 しんりん　森の中 もりのなか
森り もり

12かく　森 森 森 森 森 森 森 森 森 森 森

□ 64・91ページ

出
シュツ
だす
でる
できない

出る でる　出す だす
出火 しゅっか　外出 がいしゅつ

5かく　出 出 出 出

1 よみがなを かきましょう。
40てん(1つ10)

① (　　　) 本を えらぶ。

② とおくの (　　　) 森。

③ そとに (　　　) 出る。

④ 月が (　　　) 出る。

「出」の かきじゅんに ちゅういしましょう。

―①の もんだいの ページは ならいません。

↓つぎの ページも つづくよ！

⑤・⑥のかん字は、1画ずつていねいにかきじゅんどおりにかきましょう。

③・④のかん字は、「木」のはねやとめを「こ」「つ」にしないようにかきましょう。

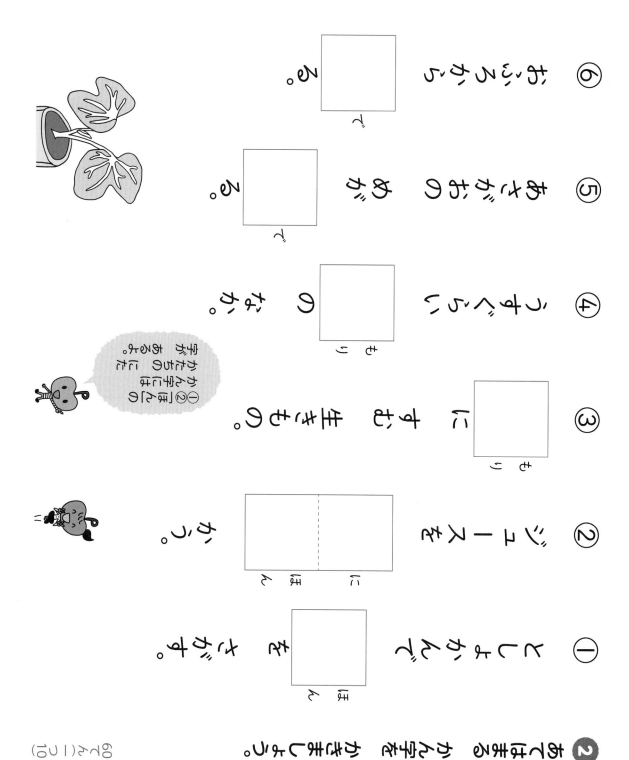

② あてはまる かん字を かきましょう。　⑧てん(1つ5)

① □を よむ。 【ほん】

② ジュースを □□か。 【に ほん】

③ □に すむ まもの。 【もり】

（吹き出し）①②のかん字は、○の中に三つにわけてかく字があるよ。

④ すぐりの □の なか。 【もり】

⑤ あさがおの めが □る。 【で】

⑥ おにぎ□から □る。 【て】

かん字の おなじ (2)

じかん15ふん
ごうかく80てん
/100
こたえ 86ページ
月 日

かん字を おぼえよう!

	中	チュウ ジュウ とめる なか	□65・70ページ

中ゆび
なかゆび
一年中
いちねんじゅう
まん中
まんなか
大ぼう
だいぼう

4かく 中中中中

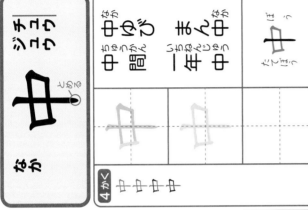

町 チョウ はねる まち □67ページ

町内
ちょうない
下町
したまち
町か゛゛
まちかど
町そん
ちょうそん
大くん
だいくん

7かく 町町町町町

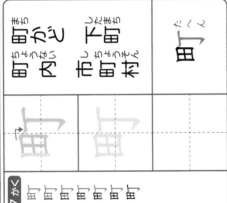

入 ニュウ いれる いる はいる □72・123ページ

入学
にゅうがく
記入
きにゅう
入れる
いれる
入る
はいる
人
ひと

2かく 入入

——の ところは ページを ならいません。

1 よみがなを かきましょう。

40てん(1つ10)

① はこの 中。
（　　　　　）

② 町へ いく。
（　　　　　）

③ いえ中の そうじ。
（　　　　　）

④ 人が 入る。
（　　　　　）

だもだかな。

↓うらの ページも やろう!

きょうかしょ下62～73ページ

2 あてはまる かん字を かきましょう。

① は の [なか] みが 気に なる。

② と ば くの [まち] に でかける。

③ とばの [まち] に 出かける。

④ 一 日 [つぎ] で、くらべて あそぶ。

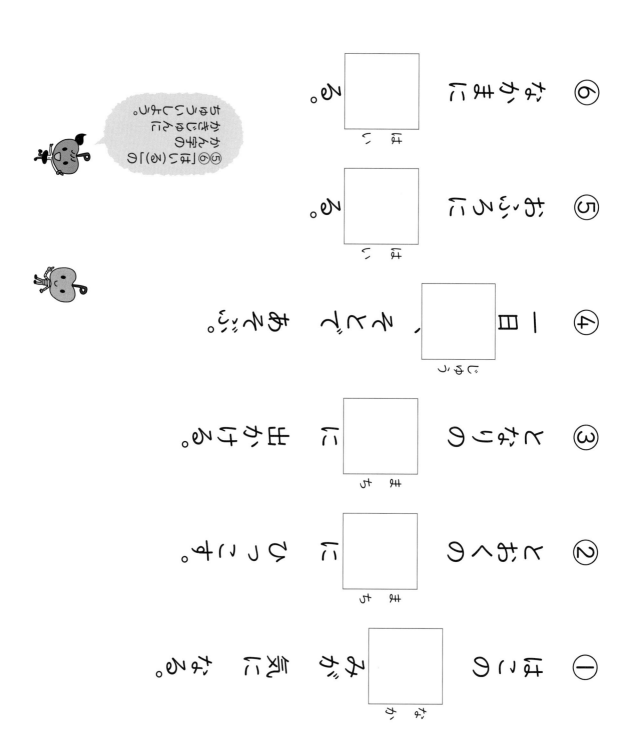

⑤ は[い] に ふる。

⑥ は[い] に する。

⑤⑥の「はい(る)」の かん字の かきじゅんに ちゅういしよう。

50てん(1つ5)

1 かん字の よみがなを かきましょう。

① すずの （　　　）音が きこえて くる。

② きょう中（　　　）に しゅくだいを すませる。

③ 土よう日（　　　）は おみせが 休（　　　）みだ。

④ ものさしの 目（　　　）もりを よむ。

⑤ 白（　　　）い くもが うかんで いる。

⑥ 車（　　　）の ながで あめ玉（　　　）を なめる。

⑦ 七月（　　　）（　　　）に 村の まつりが おこなわれる。

2 あてはまる かん字を 〔 〕に かきましょう。よみがなを かならず つけましょう。 50てん(1つ5)

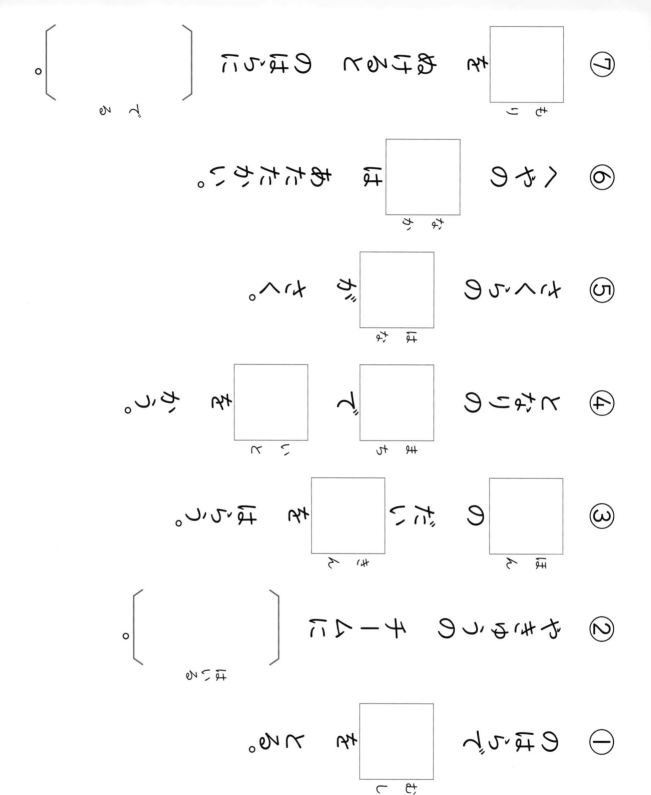

① のはらで □（し）を とる。

② さわやかな チームの 〔 　 〕（はつ）。

③ □（ほん）の だい を □（きん）はらう。

④ となりの □（まち）で □（いと）を かう。

⑤ へやから □（はな）が へや。

⑥ くやの □（なか）は あたたかい。

⑦ □（もり）のはらを ぬける。〔 　 〕（でる）。

九月から 十一月に なった
かん字 (1)

じかん 20ぷん
ごうかく80てん / 100
こたえ 87ページ

月 日

1 かん字の よみがなを かきましょう。 30てん(1つ5)

① 水どうの 水を のむ。
（ 　　 ）

② 青虫を つかまえて 竹の かごに いれる。
（ 　　 ）（ 　　 ）

③ りんごを 九つ かう。
（ 　　 ）

④ 雨あがりの 空が きれいだ。
（ 　　 ）（ 　　 ）

2 かん字の よみがなを かきましょう。 20てん(1つ5)

①
あ 先生 （ 　　 ）
⊘ 生きもの （ 　　 ）

②
あ おき上がる （ 　　 ）
⊘ 年上 （ 　　 ）

63

①
あ □(おお)きな 山。　　い □(ち)さい こと。

②
あ □(う)を 見る。　　い □(した)を ～へ。

①
あ □(ぶん)じの おなじ しょう。　　い て□(てん)に のぼるような 気もち。

②
あ □(こう)校に いく じゅんびを する。　　い □(じ)を かく。

③
あ □(こ)の ひかり がくせん。　　い あ□(こ)の よう きょうしつ。

64

じかん 20ぷん　ごうかく80てん　／100　こたえ 87ページ

月　日

❶ かん字の よみがなを かきましょう。　30てん(1つ5)

① あ （　　　） 火花が ちる。

　　① （　　　） 火山が おおい。

② あ （　　　） 天気よ ほう

　　① （　　　） 天の川

③ あ （　　　） いえの 中で あそぶ。

　　① （　　　） 学校中を そうじする。

❷ あいて いる ところに 日づけの よみかたを かきましょう。　20てん(1つ5)

三日	みっか	四日	①
五日	②	六日	むいか
七日	③	八日	④

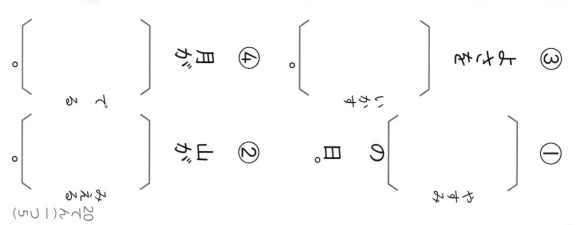

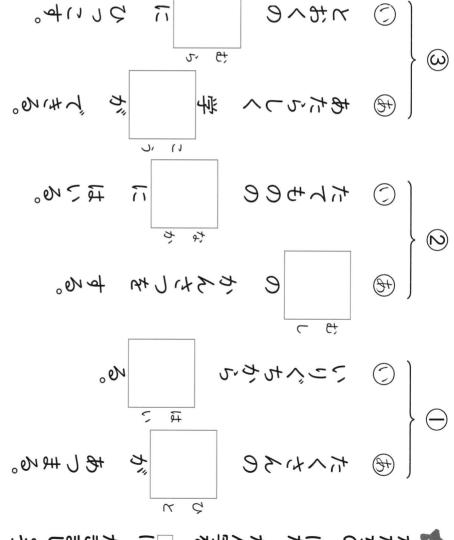

★4 あてはまる ことばを かん字と ひらがなで かきましょう。 20てん(1つ5)

① 「　　　」の 日。（やすみ）

② 山が「　　　」。（が）

③ 「　　　」よさ。

④ 月が「　　　」。（が）
　　　「　　　」てる。

★3 かたちの にた かん字を □に かきましょう。 30てん(1つ5)

① あ たべものと □ が あります。（と・ひ）
　 い いどうへ □ から。（は・い）

② あ □ の かんじを する。（む・し）
　 い たべものの □ に はいる。（な・か）

③ あ あたらしい 学□ が できる。（こ・に）
　 い とだなの □ に ついて。（お・ら）

きほんの ドリル 39

どうぶつの 赤ちゃん (1)

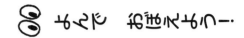

📖 かいて おぼえよう!

セキ
あか・あかい・あからむ・あからめる
はねる

📗80ページ

赤 あか		
赤字 あかじ 赤い あかい	赤 あか	
赤らむ あからむ 赤道 せきどう		

7かく 赤 赤 赤 赤 赤 赤 赤

ミミ
つき出る

📗81ページ

耳 みみ		
空耳 そらみみ 耳もと みみもと	耳 みみ	
初耳 はつみみ 耳うち みみうち		

6かく 耳 耳 耳 耳 耳 耳

オウ
ながく

📗81ページ

王 おう		
女王 じょおう 王さま おうさま	王 おう	
国王 こくおう 王子 おうじ		

4かく 王 王 王 王

—の ふせんこの ページでは ならいません。

00 よんで おぼえよう!

●…よみかたが あたらしい かん字
＝…おくりがな

セイ
📗80ページ

生 {
  いきる・いかす・いける
  うまれる・うむ・おう・はえる・はやす・き・なま
}

1 よみがなを かきましょう。
40てん(1つ10)

① ねこの 赤ちゃん。 （　　　）

② 子どもが 生まれる。 （　　　）

③ うさぎの 耳。 （　　　）

④ くにの 王さま。 （　　　）

「耳」の かきじゅんに ちゅういしましょう。

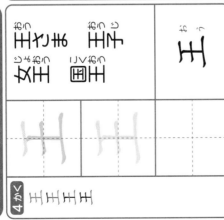

↓うらの ページに つづくよ→

きょうかしょ 下80～87ページ

67

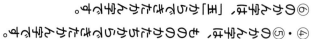

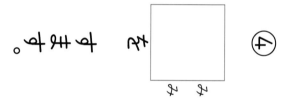

② あてはまる かんじを かきましょう。

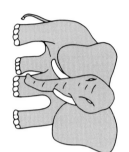

① あかい 花が さく。

② あかを あつめる。

③ こいぬが □れる。

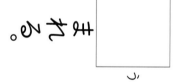

④ □を みます。

⑤ ぞうの □みみ は 大きい。

⑥ おんなの こ の くち □ます。

3じかん(10)

どうぶつの 赤ちゃん (2)

じかん 15ふん
ごうかく 80てん
/100
こたえ 87ページ

月 日

📖 かんじを おぼえよう!

口（コウ／くち）　□82ページ

| じんこう 人口 | でぐち 出口 | くちぶえ くち笛 |
| かこう 火口 | くちょう 口調 | |

くち 口

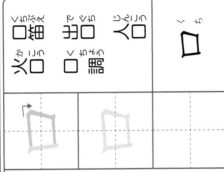

3かく　口 口 口

年（ネン／とし）　□82・111ページ

つき出さない

| としうえ 年上 | はんとし 半年 |
| としした 年下 | ねんしょう 年少 |

いちねん 一年

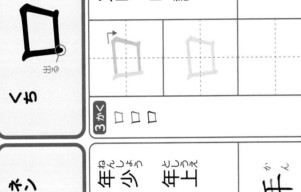

6かく　年 年 年 年 年 年

立（リツ／たつ・たてる）　□83ページ

ながく

| たつ 立つ | たてる 立てる |
| りっしゅん 立春 | ちゅうりつ 中立 |

たった 立った

5かく　立 立 立 立 立

*「立」の 1かくめは 2のページには ならいません。

---

1 よみがなを かきましょう。

40てん(1つ10)

① （　　　）口に くわえる。

② 一年が たつ。

③ ちちの 年れい。

④ じめんに 立つ。

「年」の かきじゅんに ちゅういしましょう。

❷ あてはまる　かん字を　かきましょう。

60てん（一つ10）

① □（くち）を　とじる。

② □□（でぐち）に　むかう。

③ □（ねん）まつは　いそがしい。

④ □□（にねん）が　すぎる。

⑤ ぼうを　□（た）てる。

⑥ いすから　□（た）ち上がる。

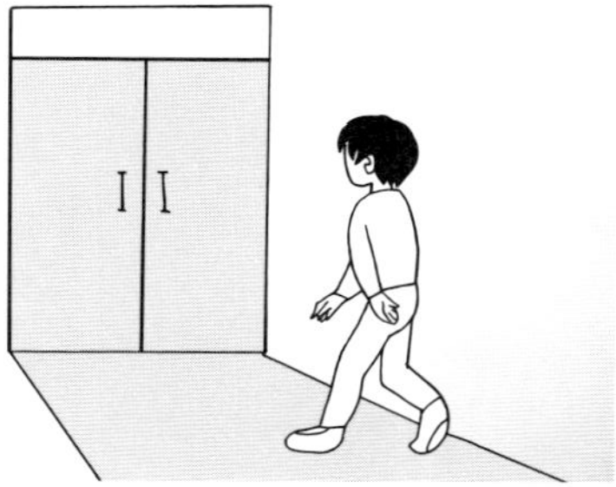

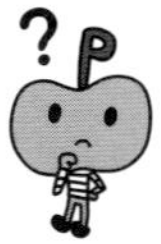

③④「ねん」の　かん字の　よこせんの　ながさに　ちゅういしよう。

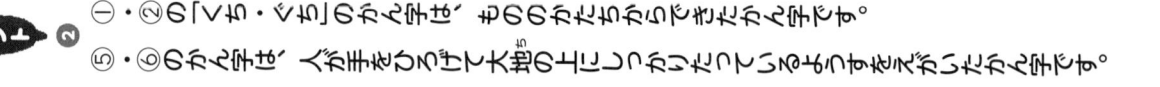

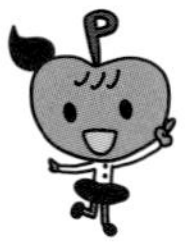

ヒント ❷
①・②の「くち・ぐち」のかん字は、もののかたちからできたかん字です。
⑤・⑥のかん字は、人が手をひろげて大地（ち）の上にしっかりたっているようすをえがいたかん字です。

じゅうがつの 赤ちゃん もの の 名まえ (1) (3)

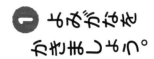

✍ かいて おぼえよう。

□ 85ページ

草 ソウ くさ とめる
草花（くさばな）　草とり（くさとり）　道草（みちくさ） 草原（そうげん）　野草（やそう）
草（くさかんむり）
9かく 草草草草草草草草草

□ 90ページ

名 メイ ミョウ な あける
名人（めいじん）　名まえ（なまえ）　名文（めいぶん）　名ぶん　名字（みょうじ）
名（な）
6かく 名名名名名名

□ 90ページ

夕 ゆう あける
夕立（ゆうだち）　夕空（ゆうぞら）　夕はん（ゆうはん）　夕日（ゆうひ）　夕方（ゆうがた）
夕（ゆうべ）
3かく 夕夕夕

—「タ」の おくせ，この ページには ならいません。

❶ よみがなを かきましょう。

① （　　　）草 が はえる。

② もの の （　　　）名 まえ。

③ 赤い （　　　）夕 日。

④ （　　　）夕 がたに なる。

おぼえたかな。

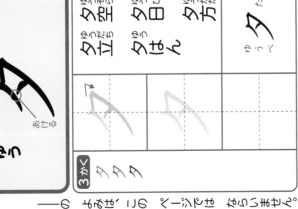

① ・② の かん字は、四年生から 先に ならった かん字の ふくしゅうです。
⑤ ・⑥ の かん字は、「雨」が ついて、同じ形を もとに して できる かん字です。

2 あてはまる かん字を かきましょう。 （一つ5(10)）

① 〔　〕とりを する。
〔く も〕

② 花を 〔　〕てる。
〔く も〕

③ ねいの 〔　〕まえを よぶ。
〔な〕

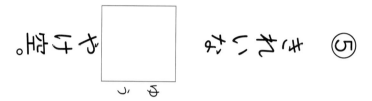

④ 〔　〕まえを して。
〔な〕

⑤ きれいな 〔　〕だけ空。
〔ゆ し〕

⑥ 〔　〕立ち上がる。
〔ゆ し〕 立（た）

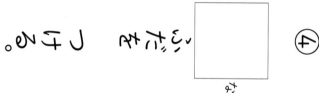

③④⑤⑥の かん字の おくりがなに 気を つけて かきましょう。

じかん 15ふん　ごうかく80てん　／100　答え 88ページ

✏️ かいて おぼえよう！

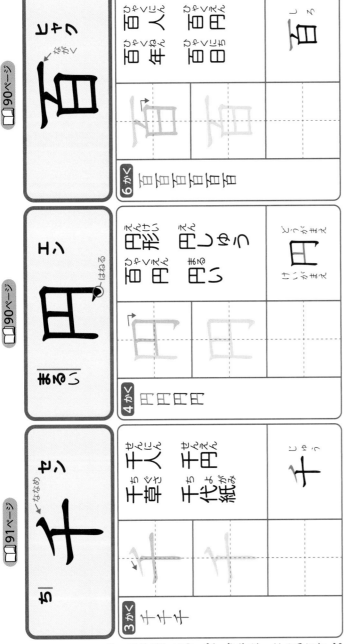

百 ヒャク　□90ページ
- 百人 ひゃくにん
- 百年 ひゃくねん
- 百円 ひゃくえん
- 百日 ひゃくにち
- 百 ひゃく
6かく

円 エン・まるい　□90ページ
- 円形 えんけい
- 百円 ひゃくえん
- 円しゅう えんしゅう
- 円い まるい
- 円 えん　けいがまえ
4かく

千 セン・ち　□91ページ
- 千人 せんにん
- 千草 ちぐさ
- 千円 せんえん
- 千代紙 ちよがみ
- 千 せん・ち
3かく

―の よみは、この ページでは ならいません。

👀 よんで おぼえよう！

●…よみかたが あたらしい かん字
＝…おくりがな

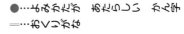

出 だ＝す　略91ページ

1 よみがなを かきましょう。
40てん(1つ10)

① （　　　　）百まいの かみ。

② （　　　　）十円 さつ

③ （　　　　）千まで かぞえる。

④ （　　　　）かばんから 出す。

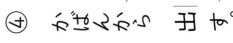

「千」の かたちに 気を つけましょう。

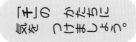

→つぎの ページに つづくよ

きょうかしょ 下90〜95ページ

④・⑤のかん字は、「十」になるように、②もの点と、のこりの点をかきましょう。

⑥のかん字は、書いていくじゅんに、「気(き)」「(れ)」「(る)」を、かん字にかきましょう。

② あてはまる かん字を かきましょう。 9てん(1つ)

① [　] ちゃん の おはなし。

② テストで [　] てん を とる。

③ [　] けいの テーブル。

④ [　] はしって はしる。

⑤ [　] のかみを くばる。

⑥ 手がみを [　] す。

①②の「ちゃん」のかん字は ちがうよ。

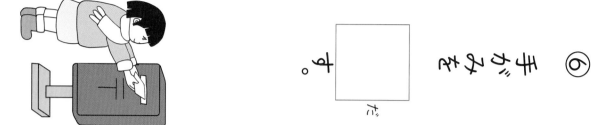

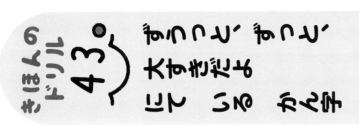

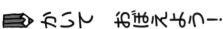
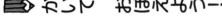

きほん6 ドリル 43

大すきだよ にて いる かん字 (1)

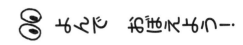
✎ かいて おぼえよう！

📖 108ページ

	犬	
	おん ケン	
くん いぬ	●はらう	

番犬（ばんけん）　名犬（めいけん）　犬（いぬ）のむれ　犬（いぬ）ぞり

犬（いぬ）

4かく　犬犬犬犬

📖 109ページ

	早	
	おん ソウ	
くん はやい はやまる はやめる	●とめる	

早春（そうしゅん）　早（はや）い　早（はや）まる　早（はや）める

早（はや）

6かく　早早早早早早

📖 120ページ

	貝	
くん かい	●とめる	

三（さん）がい　貝（かい）がら　貝（かい）ばしら　ほら貝（がい）

貝（かい）

7かく　貝貝貝貝貝貝貝

👀 よんで おぼえよう！

●…よみかたが あたらしい かん字
＝…おくりがな

教110ページ 花（はな）	教111ページ 年（とし・ネン）
教112ページ 上（あ）がる・上（あ）げる・上（のぼ）る	

1 よみがなを かきましょう。
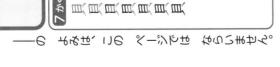
40てん（1つ10）

① （　　　）かわいい 犬。

② 早（　　　）く おきる。

③ かいだんを 上（　　　）る。

④ 貝（　　　）を あつめる。

━の よみは、この ページでは ならいません。

↓うらの ページに つづくよ↓

75

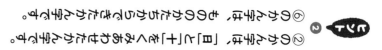

② あてはまる かん字を かきましょう。

① [　] と なかよく あそぶ。

② [　] ロぶえを ふく。

③ [　] だんに 水を まく。

④ [　] を とる。

⑤ [　] ぶたに いる。

⑥ [　] を ひろう。

①「つる」のじはにている 字が あるよ。

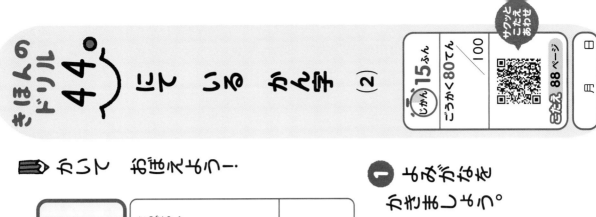

じかん 15ふん
ごうかく 80てん
／100

こたえ 88ページ

サクッと こたえ あわせ

月　日

✏ かいて おぼえよう!

📖120ページ

林 リン
はやし
とめる

さ ん 林_{りん}	松_{まつ}林_{ばやし} 林_{はやし}	
	林_{りん}道_{どう} 山_{さん}林_{りん}	

8かく　林林林林林林林林

📖120ページ

右 ユウ
みぎ
はらう

右_{みぎ}ち	右_{みぎ}手_て 右_{みぎ}足_{あし}	
	右_う岸_{がん} 左_さ右_{ゆう}	

5かく　右右右右右

📖120ページ

足 ソク
あし
たる
たりる
たす
はらう

足_あし	足_た音_{おと} 土_ど足_{そく}	足_たりる 遠_{えん}足_{そく}	足_たる 足_たす

7かく　足足足足足足足

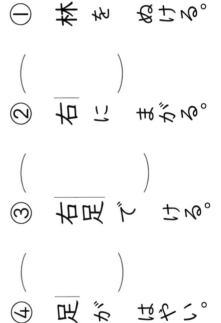

①の よみがなの ページは ならいません。

---

1 よみがなを かきましょう。

40てん(1つ10)

① (　　) 林を ぬける。

② (　　) 右に まがる。

③ (　　) 右足で ける。

④ (　　) 足が はやい。

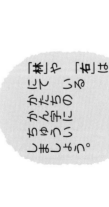

「林」や「右」は
にている かん字に
ちゅういして
かきましょう。

↓つぎの ページに つづくよ →

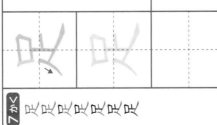

きょうかしょ 下 120〜121 ページ

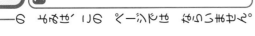

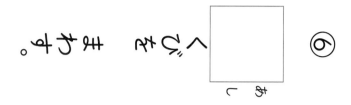

① ・ ②のかん字は、「木」にかんけいのあることばです。
③ ・ ④のかん字は、みぎがわのかたちがよくにていますよ。
「つ」のむきにちゅうい。

2 あてはまる かん字を かきましょう。 8てん(1つ2)

① すぎの □ を あるく。
(しん)

② □し □ を とどけます。
(はやし)

③ みぎ て を たします。

④ みぎ が を あるく。

⑤ あ し を のばす。

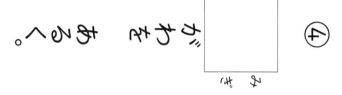

⑥ あ し を くばます。

(ふきだし)
⑤⑥は「あし」のかん字がちがいますよ。

に にる かん字（3）に にた いっぱい 1年生

✏ かいて おぼえよう!

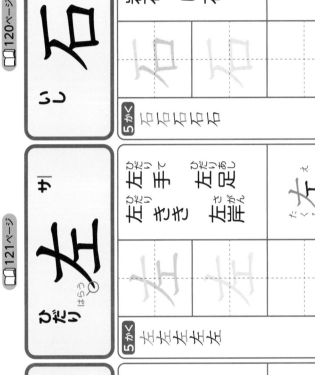

石 セキ／シャク　いし　□教120ページ
岩石（がんせき）　石（いし）ころ　じゃり石　小石（こいし）
5かく

左 サ　ひだり　□教121ページ
左（ひだり）手　左（ひだり）足　左右（さゆう）　左岸（さがん）
5かく

力 リキ／リョク　ちから　□教123ページ
火力（かりょく）　力（ちから）もち　力点（りきてん）　力（ちから）こぶ
2かく

―の よみは この ページでは ならいません。

👀 よんで おぼえよう!

●…よみかたが あたらしい かん字
＝…おくりがな

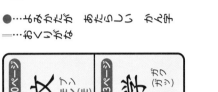

文 ブン・モン・（モ）　教120ページ
学 ガク・まな（ぶ）　教123ページ
入 はい（る）・い（る）・い（れる）　教123ページ

1 よみがなを かきましょう。 40てん(1つ10)

① （　　　）　石 を ひろう。

② （　　　）　文字 を なぞる。

③ （　　　）　左 に まがる。

④ （　　　）　力 を あわせる。

→88の ページに つづくよ→

79

⭐**ポイント** ②

① ◯のつづき、「同」は右がわの口のところから、横ぼうをかきます。

⑥ ◯のつづき、「出」は「(凶)」、「上」に「(L)」、「力」からかきはじめます。

② あてはまる　かんじを　かきましょう。

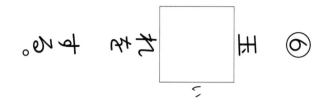

⑥ 王　□　を　する。

⑤ そこから　□　を　出す。

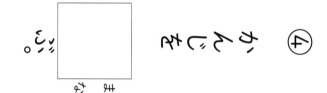

④ か□じ　を　□。

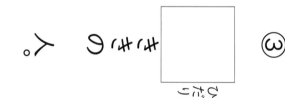

③ □　のまわり　の　人。

③「うみべ」の
かたちの
ことばの
かたちが
にているよ。
きをつけてね。

② □を　かく。

① 大きな　□。

8てん(1つ)

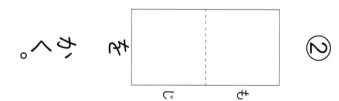
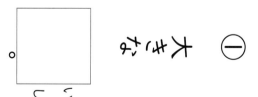

じっぷの 赤ちゃん
いえ には いっぱい
1年生

じかん20ぷん　ごうかく80てん　/100　こたえ 88ページ　月 日　合かく

1 かん字の よみがなを かきましょう。　50てん(1つ5)

① プリントを 出して しゅくだいを する。
（　　　）

② おふろばで 足を あらう。
（　　　）

③ 白い 石と きれいな 貝を 見つける。
（　　　）（　　　）

④ 年上の ことが あそびに くる。
（　　　）

⑤ 赤い 夕日が しずんで いく。
（　　　）

⑥ 力もちの 王さまの ものがたり。
（　　　）（　　　）

⑦ 名まえを よばれて いすから 立つ。
（　　　）（　　　）

2 あてはまる かん字を 〔 〕に かきましょう。□には かん字と ひらがなを かきましょう。

① □で おさのを かう。

② きょうは 〔へや〕で ねる。

③ みぎ手に 〔おおい〕はたを もつ。

④ そのホールには せん人が 入れる。

⑤ ひだりに まがると ほしが ある。

⑥ むらで □と あそぶ。

⑦ パンの □で おかしを つくる。

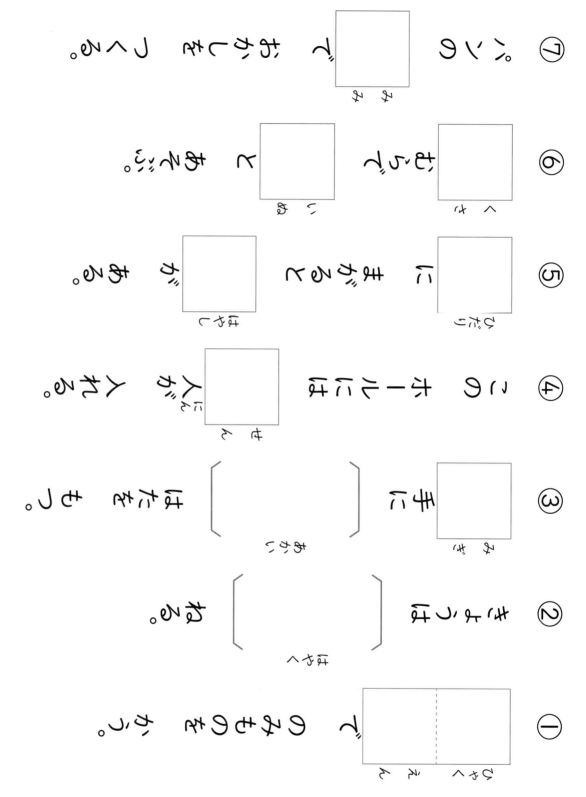

一月から 三月に ならった
かん字

じかん 20ぷん
ごうかく 80てん
/100
サクッと こたえ あわせ
答え 88ページ
月　日

① かん字の よみがなを かきましょう。

20てん(1つ5)

① （　　　　）　　　（　　　　）
　赤い くつを 千円で かう。

② （　　　　）
　あにの 足音が きこえる。

③ （　　　　）
　にわで 草むしりを する。

② かん字の よみがなを かきましょう。

30てん(1つ5)

①
　あ （　　　　）
　　 つくえの 上。
　い （　　　　）
　　 かいだんを 上る。

②
　あ （　　　　）
　　 花だば
　い （　　　　）
　　 花だん

③
　あ （　　　　）
　　 文を かく。
　い （　　　　）
　　 文字を かく。

うらも チャレンジしてね

☆4 ──の ことばを かん字と ひらがなで かきましょう。 20てん(1つ5)

① はたを たてる。

② れいぞうこに いれる。

③ はなが へる。ねる。

④ いろがみが きれる。

☆3 かたちの にた かん字を □に かきましょう。 30てん(1つ5)

③
あ 足で 石を ける。
い じばりの かどを □に まがる。

① あ 水 もつ
い 水 たまり

② あ と なり
い し まし

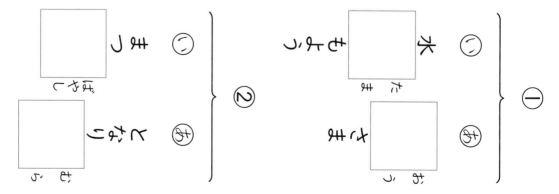

●まちがって いたら、その まま に しないで、かならず やり なおしましょう。

考え方

❶ 漢数字は、数えるものによって 読み方が 変わります。⑥「ここの」を「きゅう」と書かないようにしましょう。ま

2
① 文 ② 水・田
③ 事 ④ 山・見る
⑤ 雨
⑥ 気
⑦ 月・見る

きほんドリル 28. 45~46ページ

1
① ただ ② じ・だ
③ へ・がつ ④ かわ
⑤ じ ⑥ ひた

2
① 事 ② 人
③ 事 ④ 人
⑤ 気 ⑥ 気

きほんドリル 27. 43~44ページ

1
① キ ② だけ ③ け
④ つき ⑤ つき ⑥ つき

2
① 竹 ② 竹 ③ 竹
④ 月 ⑤ 月 ⑥ 月

きほんドリル 26. 41~42ページ

1
① ひ ② た ③ か
④ た ⑤ かわ ⑥ かわ

2
① 火 ② 火 ③ 田
④ 田 ⑤ 川 ⑥ 川

まとめのテスト 25. 39~40ページ

1
① うえ ② うえ ③ た
④ した ⑤ ひ ⑥ ひ

2
① 上 ② 上 ③ 下
④ 下 ⑤ 日 ⑥ 日

まとめのテスト 24. 37~38ページ

1
① やま ② みず ③ あめ
④ やま ⑤ みず ⑥ あめ

2
① 山 ② 山 ③ 水
④ 水 ⑤ 雨 ⑥ 雨

きほんドリル 23. 35~36ページ

1
① み ② がっこう ③ こう
④ せん ⑤ せい ⑥ さき

2
① 見る ② 学 ③ 学校
④ 校 ⑤ 生 ⑥ 先

まとめのテスト 22. 33~34ページ

1
① ぶん ② もじ ③ じ
④ ただ ⑤ ただ ⑥ ただ

2
① 文 ② 文 ③ 字
④ 字 ⑤ 正 ⑥ 正

まとめのテスト 21. 31~32ページ

2
① 虫・町 ② 入る
③ 木 ④ 金・町
⑤ 花
⑥ 中
⑦ 森・出る

1
① め ② か ③ べ
④ め ⑤ まる ⑥ へる ⑦ が・し

まとめのテスト 36. 61~62ページ

1
① は ② まち ③ じゅう
④ なか ⑤ は ⑥ に

2
① 人 ② 町 ③ 町
④ 中 ⑤ 人 ⑥ 中

きほんドリル 35. 59~60ページ

1
① ほん ② き ③ もり
④ もり ⑤ で ⑥ で

2
① 木 ② 川・木 ③ 森
④ 森 ⑤ 出 ⑥ 出

きほんドリル 34. 57~58ページ

1
① むし ② し ③ へ
④ かね ⑤ きん ⑥ ち

2
① 虫 ② 虫 ③ 木
④ 金 ⑤ 金 ⑥ 土

きほんドリル 33. 55~56ページ

1
① はな ② あま ③ に
④ な ⑤ ち ⑥ す

2
① 正月 ② 六・月・日
③ 大・花 ④ 火・水
⑤ 月・土・日 ⑥ 天・休・花

まとめのテスト 32. 53~54ページ

1
① と ② て ③ て
④ お ⑤ お ⑥ お

2
① 手 ② 土 ③ 土
④ 音 ⑤ 音 ⑥ 音

きほんドリル 31. 51~52ページ

1
① む ② お ③ し
④ し ⑤ ろ ⑥ ろ

2
① 村 ② 人 ③ 村
④ 下 ⑤ 白 ⑥ 白

きほんドリル 30. 49~50ページ

1
① ただ ② たま ③ め
④ たま ⑤ たいへん ⑥ たま

2
① 糸 ② こ ③ 事
④ 目 ⑤ 目 ⑥ 王

きほんドリル 29. 47~48ページ

いう読み方があります。⑥「玉」は、上に言葉がつくと「たま」がにごって「だま」と読み方が変わる場合があります。⑦「月」には「つき」が「げつ」という読み方があります。月日を表す場合、曜日を表す場合など使い方によって読み方が変わることを確かめましょう。

2 ②「入(はい)る」には「人」、③「本」には「木」という形の似た漢字があるので、気をつけましょう。

---

37 ふゆ休みのホームテスト(1) 63～64ページ

★1 ①みず ②おお・たけ ③ここの ④あめ・そら

★2 ①あせい ①い ②ああ ①いうえ

★3 ①あ文 ①い天 ②あ学 ①い字 ③あ月 ①い日

★4 ①あ大 ①い小 ②あ上 ①い下

おうちの方へ

　漢字を覚えるときは、形の似た漢字や意味の似た漢字、反対の意味の漢字などをいっしょに覚えると、早く覚えられます。また、学校のテストでは「はね」や「とめ」「はらい」などをしっかり書かないと正解になりません。早くからていねいに書く習慣をつけましょう。

考え方

★1 ③「九」には「きゅう」「く」「ここの(つ)」などの読み方があります。

★2 ①「生」には「先生(せい)」「生(い)きる」などのたくさんの読み方があります。その漢字を使った言葉や短い文で覚えるようにしましょう。

★3 ②「字」と「学」は似た漢字ですが、ちがいに注意して書きましょう。

★4 ①「大(おお)」と「小(ちい)」、②「上」と「下」は反対の意味の漢字です。

---

38 ふゆ休みのホームテスト(2) 65～66ページ

★1 ①あひ ①いか ②あてん ①いあま ③あなか ①いじゅう

★2 ①ようか ②いつか ③なのか ④ようか

★3 ①あ人 ①い入 ②あ虫 ①い中 ③あ校 ①い村

★4 ①休み ②見える ③生かす ④出る

おうちの方へ

　二つ以上の読み方がある漢字は、その漢字を使った言葉の中で覚えるようにしましょう。また、日づけの読み方には、特別な読み方があります。くり返し声に出して覚えるとよいでしょう。

考え方

★1 ②の「天」の場合、「天気」や「天の川」などのように、その漢字を使った短い言葉で読み方を覚えていきましょう。また、③「中」には、「なか」と「じゅう」という読み方があります。短い文で使う方を覚えるとよいでしょう。

★2 ①日づけの読み方で、「よんにち」とは読みません。同様に②は「にいにち」とは読まず、③は「しちにち」「なないち」、④は「はちにち」とは読みません。

★3 ①「人」と「入」、②「虫」と「中」など、形が似ている漢字は、形や書き順のちがいを意識して書いてみましょう。

★4 漢字を覚えるときは、漢字だけではなく、あとにつくひらがなも覚えるようにしましょう。

---

39 きほんのドリル 67～68ページ

①1 ①あか ②う ③みみ ④おう

②2 ①赤 ②赤 ③生 ④耳 ⑤耳 ⑥王

---

40 きほんのドリル 69～70ページ

①1 ①くち ②いちねん ③ねん ④た

②2 ①口 ②出口 ③年 ④三年 ⑤立 ⑥立

---

41 きほんのドリル 71～72ページ

① ①くさ ②な ③ゆう ④ゆう

87

47. 学年のまとめ テスト　83〜84ページ

考え方

1 ①「正しい」と「正（ただ）しい」では、かん字の読み方がかわります。文しょうの中でかくにんしましょう。

2 ①「百」や「白」は形がにています。②「右」と「石」は形がにています。③「右」の一画目の「ノ」の書き方に気をつけましょう。④「大」と「犬」は点があるかないかにちゅういしましょう。⑥「左」は形のにたかん字に気をつけましょう。

1
①ただ・しょう
②あお・せい
③あか・せき
④あし・そく
⑤ゆう
⑥ちから
⑦な・めい

2
①百円
②早・右
③右・へ
④千
⑤林・左
⑥草　犬
⑦耳

---

46. まとめのドリル　81〜82ページ

1 ①じ ②右 ③字 ④左 ⑤学 ⑥人

2 ①…

---

45. きほんのドリル　79〜80ページ

1 ①はやし ②林 ③やま ④右 ⑤足 ⑥足

2 …

---

44. きほんのドリル　77〜78ページ

1 ①いぬ ②犬 ③早 ④花 ⑤上 ⑥貝

2 …

---

43. きほんのドリル　75〜76ページ

1 ①ひゃく ②百 ③百 ④円 ⑤千 ⑥せん

2 …

---

42. きほんのドリル　73〜74ページ

1 ①草 ②草 ③草 ④名 ⑤名 ⑥夕

2 …

考え方

1 ①「早」は「草」に形がにています。②「草」は「花」の上にくさかんむりがあることに気をつけましょう。③「文」は「交」に形がにていますね。

2 ①「上」の上の「ノ」に気をつけましょう。②「花」は「草」に形がにています。③「早」は反対の意味を表すかん字の「千」に形がにています。

3 ①「王」は「玉」に形がにています。②「村」は「林」や「森」など木へんのつくかん字です。③「校」も「木」へんのかん字で、形がにています。

4 ①「生」は「生（う）まれる」「生（い）きる」「生（は）える」など、いろいろな読み方をするかん字です。②「生（い）きる」「生（う）まれる」「生（は）える」など、読み方がかわることに気をつけましょう。送りがなにちゅういしましょう。

おうちの方へ
このかん字の中には、一つの漢字でもいくつもの読み方をするものがあります。漢字を覚えるときは、その読み方もいっしょに覚えるとよいでしょう。難しい言葉の読み方や、漢字の使い方だけでなく、漢字の送りがなもしっかり覚えましょう。

4
①たてる
②いれる
③くさ
④生れる

3
①林
②村
③玉
④王

2
①あ
②あ
③い
④か